产教融合视域下高职教育商贸类专业课程思政路径研究

李　政◎著

北京出版集团
北京出版社

图书在版编目（CIP）数据

产教融合视域下高职教育商贸类专业课程思政路径研究 / 李政著. -- 北京 : 北京出版社，2024.4
ISBN 978-7-200-18677-2

Ⅰ. ①产… Ⅱ. ①李… Ⅲ. ①高等职业教育—思想政治教育—教学研究—中国 Ⅳ. ①G711

中国国家版本馆CIP数据核字（2024）第103310号

产教融合视域下高职教育商贸类专业课程思政路径研究

CHAN-JIAO RONGHE SHIYU XIA GAOZHI JIAOYU SHANGMAO LEI ZHUANYE KECHENG SI-ZHENG LUJING YANJIU

李 政 著

出 版 北京出版集团
北 京 出 版 社
地 址 北京北三环中路6号
邮 编 100120
网 址 www.bph.com.cn
总发行 京版北教文化传媒股份有限公司
经 销 全国各地书店
印 刷 三河市悦鑫印务有限公司
版 次 2025年6月第1版
印 次 2025年6月第1次印刷
开 本 710毫米 × 1000毫米 1/16
印 张 12
字 数 185千字
书 号 ISBN 978-7-200-18677-2
定 价 68.00元

质量监督电话：010-58572740 010-58572393

前　言

我国经济发展正处于由“中国制造”升级为“优质制造”的关键阶段。转变经济发展方式和调整优化经济结构带来对高层次专业技术人才、高技能人才和复合型全面发展人才需求量的增长，需要教育改革推进来满足。然而，受体制、机制等多种因素影响，我国以往的教育人才培养结构、质量、水平与产业升级转型发展的实际需要存在着一定差距。产教融合从人才供给双方出发寻求合作，以社会需求为导向，充分利用外部资源，能增强人才供给的灵活性，提高人才供给的质量，这也是适应经济发展、引领社会进步的重大创新。产教融合是国家教育改革的热点关注领域，也是推进教育高质量发展的重要方式之一。同时，我国高职院校人才培养必须着眼于人的全面发展和综合素质的多维提升。其中，对大学生思想政治素质的培养极其重要。

本书采用理论与实践相结合的方法，从产教融合和思想政治教育的基本理论出发，细致而全面地讨论了产教融合与思想政治教育相结合的有关理论基础，不仅分析了高职院校教育专业和商贸专业基于产教融合的人才培养现状，而且对高职院校思政教育意义、策略现状等方面进行了详细阐释。本书通过循序渐进的论述，提出当代高职院校要基于产教融合，对高职大学生进行有效的思想政治教育。此外，本书就网络与新媒体技术运用于我国高职院校思想政治教育进行有关研究与探索。

本书在撰写过程中参考及引用了部分文献资料，在此向有关作者表示感谢；同时，也感谢出版社编辑的辛苦付出。由于笔者水平有限，时间仓促，书中难免有疏漏之处，敬请各位同行、专家提出修改意见及建议。

李　政

2024年3月

目　录

第一章　产教融合的基本理论

第一节　产教融合的内涵、发展脉络和概念辨析

一、产教融合的内涵

产教融合这一概念是职业教育院校与产业、企业、行业间合作的产物。职业教育产教融合主要包含上述三个层面的关系范畴，这三个关系必须与社会的可持续发展产生良性互动。

首先是从宏观视角来看待问题。构建职业教育系统必须与其所处的国家和经济社会的发展策略和行业发展方向相匹配，以确保职业教育的成果能适应行业进步的要求，实现互利共赢，并创造积极的影响。

其次是各部门之间的联系。职业教育中的产学结合并非仅限于技术培训，它是由各相关政府部门、院校和教育组织等构成的一个复杂网络。在实施职业教育时，需要这些相关部门密切协作，共同制订职业教育方案，从而打造一个互相支持、互相推动的协同机制。

最后是微观层面上。职业教育院校需要针对产业、行业、企业的特点与具体需求进行调整，并设置专业课程、教学方式、实践流程等教学活动，与产业环节对接，达到融合式发展。

（一）产教融合的概念

产教融合是在教育顺应社会发展需求，顺应产业、行业、企业发展需求时所提出的一种职业教育模式，主要应用于中等职业教育院校和高等职业教育院校。产教融合的概念中，“产”主要指产业、行业、企业等实际应用需求，强调其应用性质；“教”意为教育、教学，是职业教育的办学

环节，既包括中等职业教育院校和高等职业教育院校，也包括教育主管部门等单位；“融合”指的是将产业实践与职业教育体系有效结合，建立一套适应产业需求的职业教育体系。这意味着，职业教育院校（尤其是高等职业教育院校）的教学与科研活动能够在产业中得到检验和反哺，共同培养经济社会发展所需的高新专业型人才。

现阶段，全球各地的研究者们已经深入探讨了高校与企业联手培训员工的方式方法并取得了显著成果。根据这些专家的意见总结出的一般观点，我们可将产教融合定义为：“产教融合就是高等院校（包括职业院校）与生产型行业内企业通过校企合作、工学结合、顶岗实习、联合培养、联合科技攻关等多种形式合作，使高等院校的教育教学、科技研发和社会服务等活动与企业生产和经营管理等活动有机结合，使学生的学习与工作交融，既接受学校的教育培养，又经历企业实习岗位锻炼，使企业与院校实现良性互动，共同培养所需人才，从而使学生的综合素质与职业技能得到优化提升的教育方式[①]。”可以这样说，产教融合是促进职业院校及其所属单位与业界的深度协同关系构建起来的行动策略之一。由于这两方属于社会的不同部分且各自拥有独特的见解和积累的专业素养，因此，两方的配合就形成了一种互相补充彼此不足之处而非相互替代的关系存在于其中。两方既具有深厚的实战技巧储备，又具备完善的基础科学原理支持，这种双赢局面无疑会推动我国社会主义事业发展培育人才的进程。

（二）产教融合的特点

1. 复杂性

实施产教融合被视为一项极具规模且漫长的艰巨任务。其影响范围涵盖教育、经济和社会等领域，是一项极为复杂的系统工作，无法仅靠个人能力完成。特别是在当前我国经济发展的高质量时期，职业教育的产教融合已成为地区经济与众多利益相关者共同参与的问题。产教融合是多个系统融合后的复杂系统，存在政府、企业、学校、社会组织等多重主体，不

---

① 余霞，石贵舟．产教融合视域下高职教育与区域经济协同发展研究［J］．职业技术教育，2020（19）：35-40.

同主体基于各自对产教融合的价值诉求，形成了不同的工具价值属性的表达。例如，对于教育系统而言，容易将产教融合理解为教育模式、办学模式、人才培养模式等；对于产业系统而言，往往将产教融合归属为经济发展模式、产业发展模式等。

简而言之，职业教育的生产与教学结合过程中的复杂因素有以下几点：首先，这个过程涉及一些具备思考能力的个体，这些个体的存在使得整个系统的复杂程度得以提升；其次，这种结合需要多个实体共同参与，由于实体的多元性和他们各自利益的复杂性，他们的价值观和目标可能并不能完全统一；最后，各个元素之间的互动和影响也使这一过程变得更加复杂。

2. 动态性

在职业教育产教融合的过程中，各个元素相互作用和影响，这是一个动态的变化过程。产教融合可以理解为学校与企业的一种合作办学模式、人力资源开发模式、技术革新模式、协同创新模式等，其路径是资源共享、优势互补、互利互惠。产教融合可以解读为一种教学目标与工作目标的融合、教学过程与工作过程的融合、教学资源与产业资源的融合等，其路径是通过企业生产过程与学校知识传授、技能传承过程的耦合，实现教学过程与工作过程的统一，从而达成培育理实一体化、知行合一的创新型与技能型人才的目标。

在这一过程的动态转变中，既要考虑外部因素对职业教育产教融合的影响，也要关注其内在的不稳定状态。例如，政策调整、地区经济发展的波动都可能带来不同程度的影响。同时也应注意到，职业教育产教融合也存在自身的问题。如需应对这些问题，政府就需要灵活运用各种策略，以提高企业、职业学校及行业组织参与度。此外，政府还需要积极主动地与各方建立联系并保持沟通，寻找最优的产教深度融合之路，力求达到最大的产教融合效果，推动公共利益的发展。

3. 整体性

从系统理论的角度来看，整体性是指由不同部分组成的一个统一体。这些部分之间存在着互相影响、互相关联以及彼此限制的关系，并且在竞争环境下有秩序地变化，最终形成了一个完整的大型结构，实现了协同效果。职业教育中的产教融合包含众多角色共同参与并且涵盖多种因素的协作，展现出显著的整体特性。作为一种全面整合的形式，高级职业教育的产教融合并非仅仅把每个元素简单地相加或独立运行，也不只是封闭自我而无视外部世界的影响，它更像是一个完善的架构，一旦所有参与者能够有效协调并开展合作，就能促进整个产教融合的教育进步。

（三）产教融合的本质属性

产教融合是以知识为核心，加强各方的深度协作，全面融合教育和社会资源，充分发挥各方的潜力，推进各方的创新协同和共同成长，促进社会的发展和人的进步。

1. 资源共享、优势互补是产教融合的基础

每个机构都有其独特的封闭性和垄断性，这使得它们能够独立地利用资源并获得收益，这种对资源使用的保护措施极大地限制了资源的使用效率和生产效果。高等教育擅长传播前沿理念和培养优秀人才，企业则努力寻找外部智慧支持及追求达到资源溢出效应。然而，这两者之间的差异并未完全发挥高校的社会作用。尽管存在差异，但是相同的追求目标是它们保持一致且匹配的方式，开放式的资源和互补的需求让它们形成了紧密的关系。

2. 知识迁移是产教融合的主线

广阔的知识领域对提高效率、推动创新至关重要。知识创新则是维持产业持续进步并保持竞争力的关键因素。教育与生产结合，可以使各方分享其独特的优势资源并在相互支持中共同成长。这种方式不仅能汇集、传递、推广知识，而且能激发新的创意并应用于实践创新。它的存在是以各种领域的人才、先进的技术和设备等方式呈现出来的，各自具有独特的作用。教育的融入使知识得以流通、利用和创新，从而实现了知识价值和功能的实际效果。

3. 人的发展是产教融合的核心本质

为了达成各方目标及利益，产教融合旨在推动社会的进步和人性的提升，这二者之间存在一种辩证的关系。“社会进步与人的发展又是辩证统一的。人的发展是社会发展的内源，是社会发展的价值目的、主体特征与

价值旨归。”[①]由于大学聚集了大量优秀人才并成为创新的重要基地，所以大学对社会生产的推进起到了关键作用。以人为基点，高校应充分利用教育部门的力量，促进产教融合，产生更广泛的影响和溢出效果，让所有参与到这个过程中的个体都能获得实质上的收益，进而实现成长。

首先是内生性的创造力，其次是外部的革新力量，两者相结合象征了组织的持久竞争力及全面实力。产教融合被视为各种参与者之间内生性和外源性创新交汇的关键节点，它以人才为基础，借助知识转移来提高资源的使用效率，从而实现所有参与者的利益最大化并支持他们的长期成长和发展，助力社会的进步和人们自身的发展。

二、产教融合的发展脉络

产教融合这一概念是在工学结合、校企合作、产学研合作等概念的基础上演变而来的。从历史演变的维度来看，产教融合与前述提法总体上呈现出方向的一致性与内涵的继承性；从比较的视角来看，产教融合又与前述提法存在较为明显的差异。

我国早在洋务运动时期的实业教育中就引进了工学结合的教育思想，主要是为了解决工学在时间上的冲突和矛盾。当时在一些企业中开设的实习工场，与实业学堂形成理论与实践的弥合，开启了我国工学结合、校企合作的先河，是我国产教融合的早期萌芽与实践尝试。

1991年10月17日，国务院发布《国务院关于大力发展职业技术教育的决定》，明确指出要鼓励产业与教学的紧密融合和遵循实践学习相结合的原则。这是我国在现代职业教育文件制度中首次提到“产教结合”与“工学结合”。改革开放后，以乡镇企业发展为标志的工业经济快速发展，发展需要大量的技术工人。因此，传统的教育模式应做出改变，以应对经济社会发展对人才的需求和教育领域对技术技能人才供给之间的矛盾。

---

① 刘远传．论社会发展与人的发展［J］．华中师范大学学报（人文社会科学版），1999（5）：63-68．

1996年颁布的《中华人民共和国职业教育法》中明确指出："职业学校、职业培训机构实施职业教育应当实行产教结合，为本地区经济建设服务，与企业密切联系。"其中，"密切"一词强调了今后要深化职业院校和企业之间的联系与合作。由此可见，产教结合、工学结合的教育理念已经从政策层面提升到了法律的高度。在此阶段，我国尝试通过"工学结合+产教结合"，解决职业教育人才培养与实际需求脱节的问题，重点关注在教育教学实施过程中强化产与教、工与学的结合。

2002年，国务院发布的《国务院关于大力推进职业教育改革与发展的决定》中明确指出"深化职业教育办学体制改革，形成政府主导、依靠企业、充分发挥行业作用、社会力量积极参与的多元办学格局""企业要和职业学校加强合作，实行多种形式联合办学"。

2004年，《教育部等七部门关于进一步加强职业教育工作的若干意见》中首次提及"校企合作"这个理念，其中强调了职业学院应积极推进产业与教学相结合，深化学校与企业的协同工作。校企合作强调的是一种人才培养模式改革，是学校与企业的整体合作，合作的内容更加广泛，价值目标也更加多元。

2005年，《国务院关于大力发展职业教育的决定》强调要深化职业院校与企业的合作，加强学生的生产实习和社会实践，改革以学校和课堂为中心的传统人才培养模式，大力推行工学结合、校企合作的培养模式；逐步建立和完善半工半读制度，推动公办职业学校与企业合作办学。

2006年，教育部颁布《教育部关于职业院校试行工学结合、半工半读的意见》，其中提到了加强校企合作、推进职业教育人才培养模式的根本转变与依靠行业企业办学等措施。为了加强职教校企合作的制度化建设，宁波市在2009年率先颁布了《宁波市职业教育校企合作促进条例》，唐山市在2012年颁布了《唐山市职业教育校企合作促进办法》，沈阳市在2013年颁布了《沈阳市职业教育校企合作促进办法》。

2013年《中共中央关于全面深化改革若干重大问题的决定》指出，应加快现代职业教育体系建设，深化产教融合、校企合作，培养高素质领导者和技能型人才。"产教融合"首次出现在政策文件中，且被定位为解决国家重大问题的战略决定。随后几年，国家围绕产教融合进行了系统设计，并在诸多重要政策文件中不断提及。

2017年，《国务院办公厅关于深化产教融合的若干意见》正式发布并实施。该文件对产教融合的总体要求、融合发展格局、企业主体作用、人才培养、供需对接、政策支持体系、组织实施等方面进行了全面的规划。这意味着产教融合进入了全面实施和重点推进的阶段。

2019年，江苏省发布了《江苏省职业教育校企合作促进条例》，从实践层面进一步落实产教融合思想。产教融合作为一项国家整体发展战略，其在价值定位、内涵与层次范围、推进方式等诸多方面体现出不同。教育机构与企业的协作方式强调了提升学生素质的重要性，同时也关注他们在学校的学习经历如何转化为实际工作中的经验。这种协同关系还重视双方资源及信息的交流互通。其目标不仅仅是为社会输送人才，更重要的是通过共同研究开发，促进知识吸收、传播、转化和再生，从而达到提高人才培育水平、满足社会需求、推动科技革新、助力经济发展等目标。

三、与产教融合有关的概念辨析

从上文关于产教融合发展脉络的有关叙述中可以看出，工学结合、产教融合、校企合作是几个高度相关但又内涵不一的概念。它们在思想脉络上总体呈现出内涵的继承性与方向的一致性，然而在价值功能定位、概念范畴、责任主体、运行机制等方面存在较为明显的差异。

（一）价值功能定位从“局部发展”到“整体推进”

工学结合、校企合作的价值功能定位是教育发展问题，属于教育领域范畴。教育部门通过培养模式、办学模式的改革，导入产业资源，解决教育的问题，从而有效提升人才培养质量。

产教融合是国家整体推进经济、教育、科技、就业等各个系统的战略设计和制度安排。其逻辑是基于“互利共生、协同发展”的原则，推进各个系统全面发展、整体发展，解决全局性、系统性的问题。其功能既有助于各部分的和谐发展，又着眼于社会的整体发展。

（二）概念范畴从“战术”升级到“战略”

工学结合、校企合作更多地属于解决教育问题的一种战术策略。具体而言，其是学校利用企业资源解决人才培养的问题，更多地指向解决问题的工具、方法、路径、范式，属于“战术”层面的话题。

产教融合是一种国家战略，是国家基于系统科学理论，推进社会产业、教育、科技、人才、就业等方面整体提升、协同共进的系统设计。首先是一种关于教育、产业等方面如何协同发展的指导思想和理念设计，其次是一种办学模式的思维切换和制度安排。从思维框架而言，校企合作是一种人才培养模式，关注人才培养的过程与方式；产教融合则是一种办学模式，关注办学主体、形式、体系与相关的制度安排①。

（三）责任主体从“一元驱动”变更为“多元共生”

工学结合、校企合作虽然也有企业、行业、科研院所的参与，但是由于人们普遍认为其主要目的是解决教育的问题。因此，在实践过程中往往出现“一头热”的问题。也就是说，责任主体主要是学校，企业、行业、科研院所等更多时候是被动参与，充当配角。

产教融合则不同。国家是产教融合的整体设计者，通过政府调控这只“无形的手”对融合系统进行整体调控。教育、产业、科研院所、行业等组成产教融合的利益共同体，各个主体以平等身份、自愿态度参与其中，通过协同实现共进。

（四）运行机制从“推着动”发展到“自运行”

从1991年到2018年，国务院、教育部等机关在此期间不间断发布了十几个文件，都在助推工学结合、校企合作、产教融合，但是工学结合、校企合作一直都在靠外力推动。2017年国务院办公厅印发的《国务院办公厅关于深化产教融合的若干意见》，其主要目的在于建立一种统筹协调的教育及工业发展体系，并使之达到良好的相互作用关系。该文件还强调了要逐步完善以市场需求为导向的人才培育方式，从而有效缓解人才教育供

① 石伟平，郝天聪．从校企合作到产教融合——我国职业教育办学模式改革的思维转向［J］.教育发展研究，2019（1）：1-9.

应与产业发展之间的巨大结构冲突问题。这表明我国正在积极推动产教融合，旨在打造一个能够自我组织的生态环境，让各个参与者都能发挥各自的作用，进而促进整个产教融合体系的自主运作。在产教融合发生的初级阶段，融合的主体主要是企业、学校，政府干预较多、强度较大，科研院所、职业技能鉴定机构的介入较少；在成熟阶段，政府干预减少，科研院所、职业技能鉴定机构的介入频次增多、强度增大。

第二节　产教融合的理论基础

一、人力资源开发理论

产教融合的基本思路是通过将两个系统融合成一个新的系统，以实现新增功能，并且紧密连接教育链、人才链、产业链和创新链。四链衔接的目的和抓手，就是打造以知识流动、技能传承为核心的人才生态链。换句话说，产教融合不仅是一个对技术技能人才培养有影响的教育问题，还是一个涉及产业转型升级、创新驱动和高质量发展的经济问题。最终它还是一个涉及人力资源开发和人力资本强国建设的战略性问题。

人力资源开发理念起源于20世纪80年代，美国学界主张通过有序且系统的方式开展一系列关于个人的知识提升、职业技能训练及能力培养的活动，以此达到兼顾企业和个人利益的目标。同时，我国学者也在探讨这一概念并将其定义为“为实现一定的经济目标与发展战略，开发者通过学习、教育、培训、管理、文化制度建设等有效方式，对既有的人力资源进行利用、塑造、改造与发展的活动”[①]。

对于人力资源发展的理论探讨，国内外的研究者提出了多样化的观点。首先，管理学派主张结合人力的提升和企业运营的管理，并将人力发展视为影响企业业绩的关键因素之一，对人力的发展及管理进行了深入研

① 曹晔．论职业教育产教融合的基本理论［J］．职教论坛，2020（6）：38-43.

究。其次，投资学派视人力为企业的生产和商业投资的重要组成部分，竞争力被视为实现经济成功的主要策略元素。竞争力取决于高水平的责任感和技能，而这些都源于对员工的教育和训练，高水平的责任感和技能可以使企业保持领先的地位。最后，成人教育学派指出，人力发展是一种由雇主提供、结构化且系统性的学习体验，旨在改善个人的行为或者促进其成长。这种方式区别于一般的职业培训，因为它与工作紧密关联。另外一些专家则提出，人力发展的关键点在于培养人类的行为。

虽然人力资源开发理念诞生于20世纪80年代，但是人力资源开发活动却是人类与生俱来的、赖以生存与发展的重要社会活动。从某种意义上讲，人类社会的发展史就是人力资源的开发史。现代信息社会以计算机为核心的数字化、智能化技术促使经济社会从工业社会的过度分化重新回归融合。全球经济一体化、人类命运共同体和社会融合、产业融合、科教融合等方兴未艾，不断衍生出经济社会发展的新领域、新范式。人力资源开发、学校职业教育与经济社会的可持续发展呼唤着创新创业、技术技能的复合型人才。人力资源开发是人类文明得以传播与传承的“基因”，是职业教育的原始形态和现代范本，应该作为现代职业教育改革与发展的根本遵循。

二、三螺旋结构理论

从字面上看，产教融合只是产业与教育的双元融合；但实际上，产教融合是产业（行业、企业）、教育、政府、科研院所、行业协会、社会组织等的多元融合。从这个意义而言，三螺旋结构理论提供了一个结构化行动的框架与过程依据。

三螺旋结构理论源自生物学的基因、生物体、环境的三螺旋概念。它们构成了一种对立统一的关系，像三个互相纠缠的螺旋线那样紧密相连并形成循环影响。美国社会科学家亨利·埃茨科威兹借用了生物科学的三螺旋结构理论，研究政府、工业、高等教育机构间的复杂网络，以此阐述了它们在知识经济发展中的共生依赖性和变化趋势。基于此，荷兰学者劳埃特·雷德斯多夫进一步发展了这个观点，提出了一套关于高校、企业和政府间的三螺旋结构模式的理论框架。该理论强调，只有当这三种力量彼此“交迭”时，才能构成创新系统的关键部分，而它们的协同合作是促进知识生成和扩散的主要驱动力。在这个知识创新并将其运用到实际生产的全过程里，高校、企业和政府持续地互动交流，从而驱动着知识技术的不断进步和提升。

三螺旋结构模型的核心价值在于将具有不同价值追求与行为方式的高校、政府和企业，在促进国家或区域经济社会发展的前提下统一起来，三者相互支撑，属于同等重要和不可替代的“构件”，政府、产业或企业、高校是一种平等的合作伙伴关系。此外，三螺旋结构模型打破了传统元素、组织及功能之间的界限，消除了一切划分成独立部分、各行其是的隔阂（学科间的界限、工业领域的区分、地理区域的城市乡村差异、理论体系的方法论障碍等），突破了人工设立的规定限制和科技屏障，实现了寻求共识，同时容纳多样性的目标。在和谐共处的环境下实现“三力”合一，使得高校、企业和政府都能表现出另外两种能力，同时仍保留着自己原有的作用和独特身份。这种模式给所有参与方提供多样的选项，推动它们自我管理、自我调整，逐渐塑造新的角色。三螺旋结构模型还特别注重高校、产业、政府的动态变化过程，克服了传统研究重静态轻动态的弊端。正因为如此，三螺旋结构模型自提出以来一直为学界、业界所关注，现已成为职业教育产教融合研究的重要理论。

三、实用主义教育理论

实用主义哲学思想是从英国的经验主义哲学思想中衍生出来的，是独特且具有地域特色的一种哲学思想。美国著名的实用主义哲学家约翰·杜威被誉为“实用主义哲学的集大成者”，其实用主义教育思想基于自身对于实用主义哲学的重视，并以此为核心指导原则来构建他的观点体系及方法策略。杜威认为，思想或者意识是指导人们从事某一种行为的工具。而如何判断一种思想或者意识能否成为真理，就要看这些思想或者意识能否指导人类在生活中取得成功。杜威还认为，人类的经验一直都是客观存在的。它需要人类不断地挖掘和探索，没有这些经验，就不会造就某种社会环境，社会环境是产生在人的经验之后的。杜威的实用主义教育观念涵盖三个层面：（1）生活即教育；（2）教育就是成长；（3）教育是对经验的重塑和改良。他的教育主张对本书有很深的影响。教育与生活是紧密联系在一起的，就像鱼和水的关系一样。他主张教育的无目的性。其实教育就是为了发展，提高受教育者的能力水平，最好的教育就是实践。

在当代，只有适应社会对于优秀人才的需求，适时地调整并优化教导的目标，提升教师的专业能力，改革其思维方式，利用先进的教育理念来更好地培育人才，才能构建适合我国实际状况与社会发展需求的高质量教育体系。

四、协同理论

20世纪70年代，物理学家赫尔曼·哈肯提出并系统地论述了协同理论。其基本概念在于把被观察的研究目标视作一种包含众多分子的复合、开放系统。这些分子会在能源资源、物料供应及资讯传递等方面互相作用、约束且协调彼此的行为方式，从而推动这个庞大的综合体从时间维度到空间维度的转变过程——从不规则状态向有规律的状态过渡，最终实现新颖构造或者总体效果的发展生成。

最初哈肯提出的协同理论是从物理现象出发的，之后他又发现在化学、生物科学和经济领域乃至社会的诸多协作行为都可以用这个原则来阐释，并且很多协作难题也能够借助这一理论得到解答。按照协同理论，系统通常是由多元素或者分支构成的，这些分支之间可能以信息的传递、物资交换或是能源互动等方式产生新的特性，使得整个体系得以建立并发展。当面临复杂的系统时，分析其构造与各分支的功能有助于对系统内工作机制有更深层次的理解，进而开拓出一条探索的路径。

依据协同理论，我们可以把产教融合视为一种学校、企业、政府、产业界及家庭等多方参与的复合型系统。为了深度解析该系统的工作模式，揭示其中的问题根源及相关的影响因子，让它变成一个协调有序的系统，需要进一步掌握它的架构和各个分支的作用。

根据哈肯的研究观点，“世界上各种无生命的、有生命的，甚至是精神世界的结构内部总以一种富有意义的协同方式自发行动，它们由于协同作用而产生的结果正是协同效应”①。简而言之，协同效应指的是在一个复杂且开放的系统里，各个部分因互相的影响、联合和限制等因素共同发挥出比单个部分更大的效益。这不仅是一个系统从混乱到有序的关键推动力，而且是每个组成部分寻求协同发展的重要目标。在教育产业化过程中有着众多的环节，如果能充分运用这些环节之间的互动关系，激发整体的协同效应，就能达到多个环节共享利益的目的。

第三节　高职院校开展产教融合的必要性与意义

一、产教融合是高职教育在新的发展阶段实现高质量发展的必要条件

经济转型对高等职业教育提出了高质量发展的新要求。随着我国经济进入高质量发展，全社会对高素质技术技能型人才的需求不断增长。然而，我国高技能人才总量不多，在经济高质量发展的背景下，培养大国工匠已经成为当前国家的重要任务，是时代的需要，也是高质量发展和现代化进程的需要。在我国经济步入高质量发展的阶段，职业教育作为培养大国工匠的重要教育领域之一，迎来了发展的历史机遇期。因此，对于职业教育（特别是高等职业教育）来说，推动高职教育实现高质量发展成为高职教育必须承担的新任务。

《“十四五”时期教育强国推进工程实施方案》中提到：“推动

① 赫尔曼·哈肯．大自然成功的奥秘：协同学［M］．凌复华，译．上海：上海译文出版社，2018.

职业院校（含技工院校，下同）、应用型本科高校面向经济社会发展需求，加强产教融合实训基地建设，创新培养模式，优化培养结构，提升学生创新精神、实践水平和就业创业能力，打造一批精品职业院校。”产教融合是高职教育实现高质量发展的重要途径，深度融入产业发展对于高职院校的持续进步至关重要，并且为培养优秀的专业技术人员提供了最基本的路径选择。因此，深入开展产教融合对我国高校的发展质量提升有着重要作用，符合未来五年内的战略目标导向。

二、产教融合能够培养社会急需的技术型和应用型人才

当前，我国市场的竞争力不断增强，市场结构也日趋成熟，各行各业都在进步发展中，这得益于先进思想观念、管理方式与国际准则对于我国经济制度变革的助力，它们为我国经济社会发展提供了动力。与此同时，这些变化也使得我国对劳动者技能的要求变得更高。全球范围内成本较低的劳动力供应逐渐增多，加上我国正处在从传统制造向现代化的转变过程中，对高技能工人需求大幅增长，使得岗位对人才的需求量激增，从而引发了一系列劳工紧缺问题。同时，高级技术工人的缺乏也一直困扰着企业。若无精湛工艺的专业技术人员，产品的质量难以达到标准，所以企业亟待招募顶尖科技人才，部分企业的高薪仍无法吸引到高级技师，而对高级技师的需求正日益扩大。

高职院校具备独特的教学特色、师资力量、学科专长、研究实力，企业则拥有行业领先地位、资本积累、销售网络等优势，通过产学合作可以充分发挥高校与企业的各种资源优势，达到资源共享的目的。高职院校会依据企业的要求来培训大学生，这样就能培育出满足社会和企业迫切需求的优秀技术人员和高级知识分子。

三、产教融合有助于减轻大学生的就业压力，推动社会和谐发展

大学生在劳动力市场占有很大比例，他们的就业对社会稳定及社会和

谐发展有直接影响。目前，企业是劳动力最大的购买方，在当前劳动力市场供大于求的情况下，与企业合作是高职院校毕业生提升就业水平必不可少的途径。通过产教融合，学生能够以正式员工的身份进入真实的工作环境，学生需要按时保质保量完成工作任务，学会处理人际关系，熟悉企业管理模式，理解并接受企业文化，培养敬业精神和团队合作能力。这样就能增强学生的工作能力和技能，使他们毕业后能够直接就业，从而实现从学生到员工身份的顺利过渡。

通过将产业和教育紧密结合，学生在实习期间可以获得企业所需的实践技能，从而在毕业时能够满足企业个性化的要求，这使高职院校的学生能够顺利就业，缓解大学生整体就业压力，进一步促进社会和谐，保持社会稳定。

四、产教融合有利于高校和企业的资源进行整合，优化资源配置

（一）鼓励企业参与到高校的人才培育计划和过程中，深化教育改革

在此前的教育与产业结合阶段，高职院校主要依赖自身的培训方式来培育大学生，而较少关注市场或行业的需求，这导致专门课程的设计往往滞后于社会的经济发展要求。高校未能针对性地训练大学生适应就业环境的能力，导致他们难以顺利步入职场并度过实习期，企业也普遍视高校毕业生为其业务中的累赘而不愿接纳他们的实训项目安排。然而，当这种合作形式得以实现时，大学校园开始转变角色成为企业的伙伴之一，在制订人力资源开发策略的过程中积极介入并在招聘过程中发挥作用，学校根据企业的需要确定招生计划和学生培养方案。经过这一改革举措之后的高职院校逐步形成了自身独特的风格特点，能有效满足业界对于新一代技术型工作者的技能提升之需。此外，教师也可以借此机会前往工厂实地考察，学习如何处理企业日常事务，如运营管理工作或是产品设计的技巧，从而改进传统的教育理念，并且进一步提高自身专业技术能力。

（二）推动高职院校主动培养“双师型”教师

近年来，随着市场的变动，职业教育的专业化师资队伍与其专业建设

结构之间的问题愈发明显。然而，许多学院的专业教师机构并未发生重大变革，这对职业教育的改革产生了阻碍，也对高职院校的发展及运营效率造成了负面影响。通过产业教育结合，教师有机会与实际工作于各行各业的企业家、技术员、工程师进行更深入的互动和沟通，并且他们也有机会去企业实习并参与生产的流程，从而提升他们的实务能力和技巧。此外，高职院校也能聘任具备丰富实战经验的技术人员或工程师作为全职或兼职教师，职业院校通过教学岗位来培育他们，以助其提高教学能力，使得他们在理论知识和实践教学方面都能得到提升。这种方法不仅增强了高等专科大学“双元制”教师的质量和专业水准，而且逐渐建立了稳定的优质“双师型”教师团队。

（三）充分利用企业为学生提供实习和实践场所

高等职业教育的根本任务和总体目标决定了实践是高职教育中非常重要的一个环节。然而，在学校日常的教育过程中，部分实践和操作的学习仅能在真实的环境里经过多次练习才能熟练运用，而学校却无法提供这一条件。当前阶段，许多高职院校都面临着资金短缺的问题，单凭自身的努力难以确保所有大学生都能获得足够的实地学习机会。因此，借助产业—学府联合的方式可以使大学生直接置身于企业的工作现场，亲身体验并锻炼他们的能力。同时，高职院校也可以借助企业的协助，创建专门用于学习的场地、实验室或车间，满足他们对高质量教育教学资源的需求。

（四）有力推动高职院校形成自己的办学特色

当前，许多高职院校并未明确其教育特点，部分院校随意设立了过多学科，使得学生实践及操作技能落后于中等职业学院，但他们在理论学习上的深度却无法超越一般高校。因此，这些高校培育出的毕业生往往缺乏竞争优势。但是，企业的设施、文化和教师团队，甚至资金投入等方面都是有效塑造高校独特教育的关键因素。借助产业教育结合的方式，企业可与学校共享设备、教师队伍、人力、资讯等资源，从而营造出有利于学校育人的环境，构建并提升高校的教育特质，树立起自身独有的教育品牌。

（五）高职院校利用企业的资金来减少教育成本

在此前的教育与产业结合过程中，许多高职院校主要依赖于公共财政的支持。由于财务压力过大，这些院校的发展受到了制约。然而，通过引入多方合作的教育与产业整合模式，企业、政府部门及高校等各方都能为学校提供资助并积极参与其运营决策和管理过程，有助于提高高职院校对市场的敏感性和应变力。这种方式不仅解决了过去仅由政府承担单一投资者角色所引发的经济困境问题，而且实现了社会的资源共享，有效减少了教育支出。

（六）企业获得相关的利益和人才

在某个特定的行业中，企业的竞争优势主要来自环境因素、行业需求、企业发展策略、产业构成和行业竞赛。然而，在企业的进步过程中，人才是决定企业在激烈的市场竞争中取得成功的核心元素。

在此前的产业教育结合阶段，企业主要依赖人力资源交易所或高校就业展览等方式招聘应届毕业生。虽然如此方式赋予他们挑选优秀员工的能力，但是并未让他们拥有对新人培育的影响力。因此，为吸引优质且合适的求职者，雇主们必须广泛发布职位信息并与众多高职院校保持联络，安排大量的面谈机会，以便筛选出最适合他们的候选人。但是，许多高校的教育理念及课程设置未能完全贴合企业的实务环境需要，这使得新入职者的实战经验不足且缺乏稳定的适应能力——这对用人单位而言是极大的负担。当下的产业发展趋势则要求转变思路，让行业领导力量直接介入大学生教育的全过程中去，如订单培养和定向培养。这些举措不仅能让大学生更好地了解企业文化，而且能提升其现场操控技巧，从而缩短试用期，使学生快速晋升至核心团队成员的位置，更好地服务客户。此外，企业也可以充分发挥高职院校的科研优势，将高职院校的科技实力与自身的管理经验相结合，从而提升对客户需求和技术变化的响应速度。

第二章　思想政治教育的基本理论

第一节　当代大学生思想政治教育的内涵与外延

一、大学生思想政治教育的概念分析

（一）思想政治教育的概念

思想政治教育是指教育者与受教育者根据社会和自身发展的需要，以正确的思想、政治、道德理论为指导，在适应并促进社会发展的过程中，不断提高思想、政治、道德素质和实现全面发展的过程。这一概念涵盖三个主要方面：思想教育、政治教育和道德教育，它们共同构成思想政治教育工作。这个概念同时具备全面性和普遍性，不仅包含着对各种人群的教育，而且囊括了社会的各个层面。

（二）大学生思想政治教育的概念

高校思想政治教育包括教职工思想政治教育和学生思想政治教育。高等学校面向学生的思想政治教育就是指大学生思想政治教育。大学生思想政治教育是以大学生为特定对象的思想政治教育，是社会思想政治教育的一个重要组成部分。

大学生思想政治教育工作之所以重要，是因为以下两个方面：

1. 大学生成长的需要

大学生正处于青年期，青年期不仅是成长最快的时期，而且是学习成才的黄金期。在这一时期，个人的快速发展必然伴随着各种矛盾的出现。同时，形成自己的世界观、人生观、价值观也是一个复杂的过程。虽然大学生具有一定的独立性和自主性，但是他们的社会经验相对欠缺，因此需

要正确的思想政治教育来指引他们成长的方向，指导他们做出合理的选择，同时协助他们解决成长过程中的困难。因此，对青年学生进行思想、政治和道德教育在任何时代、任何国家，都具有重要性。

2. 人才强国的需要

2004年，中共中央、国务院发布了《关于进一步加强和改进大学生思想政治教育的意见》（以下简称《意见》）。《意见》指出，大学生是十分宝贵的人才资源，是民族的希望，是祖国的未来。加强和改进大学生思想政治教育，提高他们的思想政治素质，把他们培养成中国特色社会主义事业的建设者和接班人，对于全面实施科教兴国和人才强国战略，确保我国在激烈的国际竞争中始终立于不败之地，确保实现全面建设小康社会、加快推进社会主义现代化的宏伟目标，确保中国特色社会主义事业兴旺发达、后继有人，具有重大而深远的战略意义。

对于大学生来说，成长和强国的内在目标是一致的。成长的目标是获得才能，而获得才能是为了增强自己和国家的实力。因此，大学生思想政治教育就是为了协助大学生的成长和提升他们的才能，从而在促进国家强盛的过程中发挥其应有的价值。

二、大学生思想政治教育的内涵

大学生的思想政治教育具有深远而丰富的内涵。这种丰富性不仅体现在培育学生全方位的目标设定中，而且体现在教学内容的多层次结构以及与时代的期望值的契合方面，同时也彰显了教师应具备的教育理念和人格魅力的重要性。因此，大学生思想政治教育是一种由学校教师主导，结合大学生的需求和社会的发展趋势来实施的过程，旨在推动大学生进步、个人全面提升。同时，这一过程也要求教育者不断提升自身的思想政治素质。必须坚定地以马克思列宁主义、毛泽东思想、邓小平理论、“三个代表”重要思想、科学发展观、习近平新时代中国特色社会主义思想为指导，全面贯彻党的教育方针。以理想信念教育为核心，以爱国主义教育为重点，以思想道德建设为基础，以大学生全面发展为目标，解放思想、实事求是、与时俱进，坚持以人为本，贴近实际、贴近生活、贴近学生，努力提高思想政治教育的针对性、实效性和吸引力、感染力，培养德智体美劳全面发展的社会主义合格建设者和可靠接班人。此外，当今世界日新月异，人们所掌握的信息量也在急剧增加，这就意味着每个个体都需要终身学习新的知识和技能，并且持续不断地提高自己的能力，塑造正确的价值观。

高校作为知识与信息汇聚的地方，处于知识更新的前沿，因此，教师有责任通过教学活动持续进行自我教育，更新教育理念并注重个人品德修炼，以提升自己的精神层次，努力使自己成为教育界的楷模。只有在教育教学过程中不断更新自身的教育理念，教师方能跟上时代的脚步，为大学生思想政治教育提供丰富的内容，以满足他们的成长需求。因此，对大学生进行思想政治教育是一个推动他们全方位发展的过程。

三、大学生思想政治教育的外延

（一）高校层面

就高校而言，大学生思想政治教育的外延的特性可以概括为全员性与全程性。

1. 全员性

所谓大学生思想政治教育的全员性，是指高校全体人员，包括教师、管理人员、服务人员、全体学生，都应承担起大学生思想政治教育的责任。在这之中，教师的授课对学生的思想政治教育产生了重要的影响。思想政治理论课程作为核心环节，构成了该项教育的关键部分；时事政策的教育成为其重要的主题和手段；哲学和社会学科的课程同样肩负着这一使命。所有的科目有培育人才的功能，且每位教师也都负有这样的义务，大学的各级党组织及其负责人对于此项教育有着关键的作用，他们需要利用政治优势和组织优势，有效地开展这项教育活动。中国共产主义青年团是中国共产党领导的先进青年的群团组织，是党的助手和后备军，因此，共青团在这个领域有很强的影响力。此外，高职院校教师也需要履行管理和服务的职能。学校的各级学生组织和所有学生都是提升并增强大学生思想政治教育效果的核心支持因素。总的来说，大学全体成员都有义务履行对大学生进行思想政治教育的职责。中共中央、国务院在2004年发布的《关于进一步加强和改进大学生思想政治教育的意见》中指出，高等学校各门课程都具有育人功能，所有教师都负有育人职责。高职院校需要建立健全相关规定，明确每个人的具体职能，设定评估标准，营造积极的环境，从而形成教书育人、管理育人、服务育人的良好氛围和工作格局。

2. 全程性

所谓大学生思想政治教育的全程性，是指要把思想政治教育贯穿大学生学习、生活的各个环节。首先，应将思想政治教育融入大学生专业学习的方方面面，融入教学、科研和社会服务中。教师要充分挖掘各类课程中的思想政治教育资源，在传授专业知识的同时加强思想政治教育，让大学生在学习科学文化知识的同时，自觉提升思想道德修养，提高政治觉悟。其次，广泛开展大学生思想政治教育的有效方式包括社会实践、校园文化建设、网络思想政治教育、心理健康教育和个别辅导等，多样化的思想政治教育方式有助于更好地解决大学生的实际问题。

（二）社会层面

从社会的视角而言，大学生思想政治教育的延伸主要是指全社会都应关注大学生的发展进步，给予他们积极的支持，并参与到构建有利于大学生思想政治教育的良好社会环境中去。传媒界需要坚持宣扬主流价值观，努力营造出有利于大学生接受优质教育资源的环境氛围，并向他们输送丰富的精神养分。各类网络平台需要始终坚持正确的导向，自觉履行自身的社会使命，举办多种多样且富有创意的线上思想品德教学项目。文化和艺术领域也要继续推动“高雅文化进校园”活动，丰富学生校园生活，提升大学生的审美素质。各类博物馆、纪念馆、展览馆、烈士陵园等爱国主义教育基地，应对在校生群体实施免费开放政策。地方行政机关及企业单位应鼓励并赞助针对高职院校学生举行的专业实习和社会实践活动，有必要协助高职院校建设优良的校园周边环境，改善校区周围的生活设施配置。同时也要调动起社会各方力量，共同构建一套有效援助贫困大学生的机制，帮助他们顺利解决实际困难。此外，学校内部还应建立一种有效的机制，使教师团队可以同家长之间形成紧密的互动关系，从而更好地协同工作，相互配合，对大学生进行思想政治教育。

大学生思想政治教育的全员性、全程性与社会性不仅符合“育人为本、德育为先”的原则，而且适应了开放的环境和信息化时代的社会需求。这种内外兼顾的教育模式使得其范围广泛且内容充实、形式多样而富有特色。其丰富的内涵有赖于教师团队的全面投入、持续的过程管理及社会各界的广泛支持。在当前的时代背景下，学校有必要将这些因素相互融合，以便产生协同效应，从而更有效地促进大学生的身心健康发展和全方位进步。

第二节　思想政治教育的理论基础

一、现代教育理论

（一）建构主义学习理论

建构主义学习理论提倡将学生置于核心位置，将他们视为教学活动中的主体，鼓励他们主导构思、探索、实践，创造有利于他们发展的教育环境。该理论与传统的师资灌输思想、行为主义机械教育观形成鲜明的对比。“建构主义教学观一反传统的教师单方向灌输、学生被动接受的教学模式，也不同于乔姆斯基的语言习得机制先天论。它认为，语言学习是与环境交互作用、学习者主体主动建构知识的过程。因此，建构主义教学观倡导学生中心，凸显问题教学、情景教学、合作教学及综合评价。”[①]

① 刘邵宾．构建建构主义英语教学观［J］．湘潭师范学院学报（社会科学版），2004（4）：149-151.

1. 通过不断探索和实践，学生获得有关自身和外部世界的信息和经验

人类的认知能力受到先前经历的影响，当学生接触到新的知识时，他们不仅仅是通过教师的讲解来获取知识，更多的是通过自身的实践经验来理解知识并将其转化为自己的表达，这种知识的获取方式是由学生与外界环境的相互作用所决定的。因此，高校大学生在评估知识的正确性时，其正误判断是相对的，而不是绝对的。当高校学生去构建一个新的知识表达时，高校学生应该不断地对其加以改进和完善，使之成为一个开放的、多元的体系。当学生学习一个新的知识单元时，他们会将其分解为若干个独立的知识体，这些知识体又可以被看作一个个独立的结构，而这些结构又是在原有知识体的基础上发展起来的。

2. 学习是一种活动的过程

学习不是机械地接受，而是一个充满活力的受教育过程。教师需要把握学生的学习需求，激发他们的学习热情，帮助他们把新的知识融入原有的知识结构中，从而形成一个完整的、开放的知识体系。只有这样，学生才能真正发挥出自己的潜力，获取更多的知识。

学习的进步依赖于个体的经历和理解。每个人都有自己独特的见解和体验，这导致他们对知识的理解可能存在差异，甚至有些人的理解与实际情况并不相符。要改善这些差异，就需要在社会中进行长期的交流和沟通，最终形成相符的认识。

3. 学习必须处于丰富的情境中

学习并非一成不变，它需要通过具体、可行且具有可操作性的方式来进行。因此，高校必须把重点放在将理论转化成可以应用于实践的技术上，以便提升学习效果。通过对现实环境的深入分析，以及利用已有的知识框架来推动新的想法和观点，可以有效地评估一个人的学习能力，从而判断其学业水平的高低。

（二）人本主义教学思想

人本主义学习理论十分重视激发学习者高层次的学习动机，强调充分激发学习者的潜能和建立积极向上的自我概念、价值观和态度的体系，使

学习者成为人格充分发展的现代人才。

人本主义教育思想的产生，源于现代科学发展中人对科学产品的使用和在智能化时代发展过程中对“人的价值丧失”的思考。随着科技的快速发展，科学主义成为20世纪教育发展的主流。20世纪50年代，在各国的教育改革中，种种教学思想、观点层出不穷。其中，认知心理学和行为主义的发展影响了对人性的认识和分析，导致教育工具化，使得接受教育、获取知识的快乐体验无法得到重视，教育单纯成为人们获得更高技能与认可的一个途径。正是在科学技术不断发展的影响下，人类社会的生产、生活方式和模式发生了巨大的变化——科技改变生活，人们依赖科技，同时也越来越受制于科技。因此，在教育层面，人们越来越强调“人本主义”，旨在将人从“器物”的束缚中解放出来。现代人本主义强调，应将人类从科技依赖中解放出来，恢复人在世界中的主体地位，而非依附于科技发展。从社会发展中人的主体地位体现到教育领域中对作为学习者、施教者的教学活动参与主体的“人”的重视，“以人为本”在包括教育在内的各个领域得到重视。

“人本主义的实质就是让人领悟自己的本性，不再倚重外来的价值观念，让人重新信赖、依靠机体估价过程来处理经验，消除外界环境通过内化而强加给他的价值观，让人可以自由表达自己的思想和感情，健康地发展。”[①]人本主义的核心理念是让人们更加深入地理解自身的本质，不再受外部意识形态的束缚，使人们能够更加自主地表达思维与情感，从而实现人的性格的全面、健康发展。人本主义教学思想不仅关注教学中的认知发展，而且注重学生情感、兴趣、动机的发展规律，注重对学生内在心理世界的了解，以顺应学生的兴趣、需要、经验以及个性差异，达到开发学生的潜能、激发起其认知与情感的相互作用，重视创造能力、认知、动机、情感等心理方面对行为的制约作用[②]。人本主义教育思想强调通过深入探究和洞察，满足不同年龄段学习者的不同需求，从而促进他们的智慧、思维、情感和意志的健康成长。“以人为本”教学理念关注教师如何帮助学生更好地巩固所掌

① 卡巴尼斯．心理动力学疗法［M］．徐玥，译．北京：中国轻工业出版社，2012.

② 郭念锋．国家职业资格培训教程：心理咨询师（辅导习题集）［M］．北京：民族出版社，2005.

握的知识、技巧，培养他们的创新思维、实践能力和良好的道德品质。

二、基础指导理论

（一）马克思主义关于人和社会关系的理论

1. 社会是人的社会

根据马克思的观点，社会是人的社会，没有人类，就没有所谓的社会。随着人类的发展，社会也在不断变化，这种相互依存的关系使得人类和其所处的环境紧密相连。若把社会视为一种复杂的生物系统，那么它的生成、构造及其进化过程中的有序性完全取决于人类自身的有序性，这主要是因为社会作为人类生存和进步的基础，本身具备一定的有序性。由此可见，无论在何种社会环境下，都涉及一个关于社会历史背景的问题。当马克思创立唯物主义历史观时，他强调需要以“现实的人”为出发点来探讨人类的本性与其所在社会之间的联系。原因在于，生命的存在构成了历史的基本条件，即有生命的人类的存在就是历史的基本条件。因此，首先要确认的是“肉体组织”的存在，其次才能进一步谈论受此影响的人类与社会间的关联。

马克思主张，“现实的人”是存在于特定的社会历史条件和社会关系之中的，不论何种社会形态，社会都是人们相互作用的结果。而社会的主体是人，这些人存在于特定的相互关系之中，即社会就是人在社会关系中的存在状态。人所处的社会关系主要包括生产关系、家庭关系、阶级关系、政治关系、交换关系等，这些关系的主体都是个体，同时这些关系也是在个体的相互作用下产生的。因此，根据马克思的推论，人的本质决定了社会的样貌。从这个角度来看，马克思所指的“现实的人”并非仅指单个的个体，而是指那些存在于一定社会关系中的个体。同时，社会历史也并非其他事物的历史，而是处于社会关系中的“现实的人”在生产和交往活动中共同创造出来的历史。

2. 人是社会的人

根据马克思的主张，人是社会中的人。马克思将社会看作人的存在形式和载体，他认为仅仅具备物质结构和功能的生命个体不能算作“真正的人”，“真正的人”是现实的人，是存在于社会关系中的人。因此，人与社会是密不可分的，只有存在于社会关系中并和其他人发生关联的时候，人才能被称为“真正的人”。因此，离开特定的社会环境和人际交流，个人的存续和生活质量就无从谈起。此外，他也强调人们的个性和集体特性并非彼此独立，而是相互依附，虽然每个人的具体行为可能有所差异，但是都源于其所属族群的需求表达及其追求共同目标的结果。从这个角度来看，个人只有通过在社会关系中同他人建立联系，才能生存和获得发展。

尽管每个个体都是独立存在的，但是人类的实质仍是群体性的，并非脱离现实而单独生存的存在，相反，人构成了国家的基石和社会的基础。物质创造如此，智力工作（科研探索）也同样属于社会行为，原因在于所需的研究资料与环境均是由社会提供的。因此，人类始终是社会的一部分。

（二）马克思主义关于人的全面发展的理论

自中华人民共和国成立以来，国家和各行各业都受到了马克思主义的指引。同时，这一理念也对我国的教育进步产生了深远的影响。其中，人的全面发展观念作为马克思主义教育观的核心内容之一，被视为其重要的组成部分，它关乎社会的整体进步，并构成了我国基础教育管理的核心目标与价值观。理解人的全面成长的重要性，是实施学生教育管理工作所必需的基础条件。在现代化的教育环境中，提升学生学习的实际效果、优化他们的管理方式、提高服务的新颖度、推进教职员工的专业化进程等任务，都需要以马克思主义的全面发展观念为依据来指导，并且要在具体的操作过程中加以运用。

1. 人的发展是全面、自由、充分的发展

马克思在《德意志意识形态》一书中，正式提出了“人的全面发展”这一科学概念，之后这一概念也多次被提及，并在他的一些主要著述中有过深入论述。书中关于人的全面发展有着多种不同的解读方式，涵盖道德修养、知识获取、身体素质增强等方面，旨在实现平衡且整体化的高质量增长。马克思在书中讨论较多的是对所有参与者智慧能力和身体健康水平的深度开发，使他们能够理解，从而达到在各个领域都具备相应技能的目标。所谓人的全面发展，指的是“人以一种全面的方式，也就是说，作为一个完整的人，占有自己的全面的本质”。它包括了人的需要的满足、能力的提高、社会关系的丰富、自由个性的发挥、主体性的充分发展等丰富的内容，即人的全面、自由、和谐的发展，是马克思主义关于人的全面发展理论的基本含义。

2. 马克思主义关于“人的全面发展”理论的中国化发展

“人的全面发展”是马克思关于教育思想的重要论断，这是一个带有鲜明的时代特色和特性的理念。

“人的全面发展”一直是我国基础教育管理的核心观念。目前，其目标是以培育全才为导向，将道德修养作为基础教育、基本使命。教师通过教授正确的世界观、生活的态度和价值取向来促进学生的多元化发展。因此，学校应在学生的教育管理过程中深入贯彻马克思主义对于人的全面发展的理念，关注他们的个性和主动精神的培养，持续优化学生的教育管理策略和方法，推动他们朝着全才型人才的目标迈进。

（三）习近平新时代中国特色社会主义思想中关于思想道德建设的论述

改革开放40多年来，我国坚持“以经济建设为中心”，并在此过程中取得了巨大的成果。然而，随着生活质量的逐渐提升，人们对精神层面的需求也变得越来越强烈。伴随着21世纪初期的全球一体化、信息科技和市场的快速发展，人们的思维方式和道德观念正呈现出多样化的态势，但与之多元化相伴而来的思想和道德上的混乱和风险也不容忽视。

当前，我国思想道德建设的主要任务可以概括为以下五个方面：

1. 广泛开展理想信念教育和中国梦宣传教育

作为我国精神文明构建的基础与核心力量，马克思主义理想信念代表着社会进步的方向及发展路径，同时在所有的文化价值观领域起到指导作用，并为其提供了坚实的保障。14亿多中国人的共同理想就是实现中华民族伟大复兴，也就是中国梦。在这部恢宏的史诗中，每个人都是实践者，都在为了同一个目标努力前行。只有当所有人齐心协力时，才有可能达成这一崇高的愿望。

2. 弘扬中国精神、中国价值

中国的文化软实力在中国精神中得到了重要的体现。民族精神是中华民族在漫长的社会历史发展过程中逐渐形成的，是各民族生活方式、理想信仰和价值观念的集中表达。除核心的爱国主义之外，民族精神还包括团结统一、爱好和平、勤劳勇敢、自强不息等精神。时代精神是中国人民在改革开放的实践中与时俱进形成的精神气质，是马克思主义与现代化建设实践相结合的伟大成就。除核心的改革创新精神之外，时代精神还包括积极进取、勤于探索、勇于实践、追求卓越等精神。从更广泛的视角来看，时代精神不仅仅是抽象的，更是民族精神的时代表达；爱国主义不仅是民族精神的核心，还是社会主义核心价值观的重要组成部分，只有培养高尚的品德，我们才能取得伟大的成就。社会主义核心价值观集中体现中国价值观，它是中国特色社会主义文化的重要标志，努力践行社会主义核心价值观是思想道德建设的核心要义。爱国主义在弘扬中国精神和社会主义核心价值观的道德建设中处于核心地位，加强爱国主义、集体主义和社会主义教育，就是要将中国精神和中国价值观贯穿于人们的历史观、民族观、国家观和文化观，体现在人们的各种内外文化活动中。

3. 深入实施公民道德建设工程

中共中央、国务院2019年10月印发的《新时代公民道德建设实施纲要》，倡导大力推进公民思想道德建设，为加强思想道德建设提供了遵循，引导每个公民明大德、守公德、严私德。为了实现这个目标，国家应该从细节入手，鼓励人们“见善则迁，有过则改”，而不是追求不切实际的理想或陷入无谓的争论中。换句话说，要先从生活琐事开始，教导他们如何通过劳动与节俭、感激他人、礼貌待人和自我反省，培养良好的道德习惯。在此基础上，逐步提升他们的标准，使他们形成社会公德、工作伦理、家庭价值观和生活原则。

4. 倡导科学精神，主动抵制陈旧和落后的道德观念的侵蚀

科学知识和科学精神是指引人们摆脱无知和愚昧的精神支柱。科学知识涵盖自然科学、技术学和人文学科等领域；科学精神则代表了一种追求真理、勇于探索、敢于质疑批评的态度，同时也体现了对所有人都应享有同等权利和平等待遇的坚持，如服务于全人类的目标等。科学精神被视为科技创新文化的基石及核心元素。只有通过积极推动科学事业发展，倡导

用科学精神和技术精神来改革社会习俗、树立新的价值观，我们才有可能带领大众逐步实现心灵的独立。

5. 推进社会诚信建设和志愿服务制度化

“诚实守信”是社会稳定的重要基石之一。在这个经济一体化、信息技术普及、价值观多元且文化丰富多彩的时代，“诚信缺失”已成为社会生活中的一个重大问题。无论是在私人关系、商业交易、学术探索还是公共服务、法律执行等方面，我们都看到了诚信道德遭受的巨大侵害和面临的挑战。因此，我们需要特别关注这个问题。道德观念建设应该承担起推广诚信文化的责任，这对于现阶段的道德理念建设来说至关重要。除了强化宣传教育，国家还应逐步推进各个行业和社会领域的诚信规定及相关制度的确立，建立并持续优化涵盖整个社会的信用系统，以提升整体的诚信水平。此外，随着社交网络的发展和个人利益驱动，冷漠和人际疏离现象越来越普遍，这些现象都在逐渐削弱社会主义道德基础。所以，积极推行并在全社会范围内实施志愿服务活动，被认为是在新的历史条件下深化道德建设和精神文明建设的强力手段，同时也为创新社会管理提供了一条有效路径。近些年来，大量志愿者参与到扶贫救灾、紧急救助等大规模活动中，志愿精神的影响力和吸引力得到了显著增强，志愿者团队也在不断地扩大规模，更加积极地推广“奉献、友爱、互助、进步”的志愿者理念，建立健全长久运作模式与活动的执行流程，努力打造具有中国特色的志愿者服务体系，推动其正规化发展，这正是践行社会主义核心价值观的关键手段。

三、中国传统文化精髓

中国传统文化是指中华民族在长期的历史发展过程中，由特殊的自然地理环境、经济方式、政治模式、意识形态、风俗习惯的共同作用而形成、沉淀和传承下来，至今仍在影响着当代中国社会的“活着”的古代文化。中国传统文化包括各种思想体系，是由相关的行为准则和社会习俗等元素组成的一个整体系统。中国传统文化不仅体现了中国人民独特的思考方法和生活态度，而且蕴含了一种深刻且永恒的核心力量——中华民族最根本的精神基因。习近平总书记在山东考察时深刻地指出："一个国家、一个民族的强盛，总是以文化兴盛为支撑的，中华民族伟大复兴需要以中华文化发展繁荣为条件。"

中国传统文化在学生教育管理中的积极作用如下：

（一）丰富的爱国主义元素，有利于培养学生的爱国主义精神

在中国深厚的文化底蕴里，中华民族始终重视国家尊严和人民利益，这是一种源远流长的热爱祖国的精神品质，被一代又一代地传颂并成为最珍贵的部分。"世界大同""舍小我为大家"理念已经深深烙印在了每个中华儿女的心灵之中。历史的长河中有无数杰出的英雄人物留下他们的智慧结晶，这些都是中华民族儿女对于自己家园热爱的体现。

（二）自强不息的进取精神，有利于培养学生积极的人生态度

"天行健，君子以自强不息"，这是中国人的特性之一，体现出强烈的发展欲望与自我完善的精神力量。"生命不息，奋斗不止"，这是一种持续不断的学习态度及对成功的执着追寻，体现了中国传统文化精髓中的核心价值观，也是永远向前看并寻求发展的动力源泉。当前，我国各个行业之间的竞争愈加激烈，教育领域承担着艰巨的发展任务。在此背景之下，我们要鼓励年轻人勇敢面对困难，从传统文化中汲取那种坚定向前的决心和人格魅力，以增强自己的战斗力和敢于接受任何考验的能力，形成积极向上的人生观，全方位提升自身的整体能力水平，从而使未来能够更好地服务于社会并在关键时刻发挥重要作用。

（三）崇尚伦理的思想，有助于塑造大学生的健康人格

中国传统文化崇尚伦理、崇礼厚德。"仁者爱人"被认为是中国古代哲学和文化的主要核心观念之一，这是一种以关爱他人为核心的价值理念。这种观点由孔子提出，他主张人们应该有爱心并去关心他人的需求。换句话说，就是要有同情心，并且要善待所有人。他还提出了这样一个观点："己所不欲，勿施于人。"这意味着每个人都应该尊重别人的意愿，并且在行为上体现出对他人的关怀态度。这一准则同样适用于教育管理工作，它能引导教师汲取儒家文化的精华来培养学生的品行和人文素养，也能让他们更加注重自身的素质提升及全面发展。

（四）树立“和而不同”的人际观，有助于学生建立良好的人际关系

“和而不同”这一古代智慧揭示了正确的行事理念，即应该在互相讨论的过程中寻求一致并形成默契。这是一种对内保持协调的方式，并非表面上的完全一致。如今，“和而不同”已成为人们共享生活的重要基础规则之一。中国传统文化强调和平相处的重要性，重视人与自然之间关系的平衡，在面对复杂多样的社交环境时，需要更加注重提升个人的道德品质。深度研究“和而不同”的理念可以帮助年轻人更好地了解自己，掌握与其他个体交流沟通的技巧，以防止他们之间产生隔阂或者敌意行为，增强他们彼此间的亲切感和融洽度，推动团队合作精神的发展，进而营造起友好的氛围和温馨的学习空间。

（五）讲诚信崇正义，有助于提升学生诚信立人的道德修养

中国传统文化强调对传统的尊重与继承，其中最为珍贵的美德之一就是忠诚守信。“诚”，代表着真实坦率的态度；“信”，则意味着履行约定并坚守誓言。我们深知公正的重要性，然而，在这个充满多样性的世界里，许多学生受到了各种价值体系的影响，从而产生了一定的思维偏差。他们可能会被物质利益所诱惑，进而忽视自己的责任或违背自己的信仰来换取短暂的好处。因此，这种以正直为核心且重视义务的精神能够引导学生走向正确的发展道路，帮助他们在人生路上树立坚定的目标和培养高度的责任心。

第三节　高职院校开展思想政治教育的特点与任务

一、高职院校开展思想政治教育的特点

（一）时代性与民族性相结合

为了适应社会的进步，高职院校需要为思想政治教育注入时代色彩。随着全球化的推进，国家及地区之间的经济关系愈发紧密，人们的思维方式也在逐渐转变。政治制度的改革使得学生更注重公平和平等，同时激发

了他们积极参与政治事务的热情；信息科技的发展使人类的活动范围扩大至网络世界，跨越地理界限，实现了实时在线沟通，这种变化不仅更易于建立个人之间的联系，而且提高了他们的独立性和自我认知能力。所有这些变革都深刻地影响着年轻一代的思考和行动，成为当代青年人必须认真对待并付诸实践的主题。

为了让高职院校的思想政治教育受到民族文化的启发并保持其独特性，我们需要考虑民族性的重要性。经过数千年的演变，中华民族已经积累了稳定深厚的民族感情和丰富多彩的民族文化遗产。中华民族的特征主要体现在文化和价值观上，如对道德治理和教育的重视、对群体利益和社会责任感的强调、对和平发展理念和人民至上原则的遵循等。所有这些特征都由中国传统文化和社会主义文化共同塑造。

体现时代性与民族性的结合是高职院校开展思想政治教育的重要特征。首先，高职院校实施的思想政治教育内容应始终保持与时代同步更新的状态，能够紧密地结合中国的改革实践并持续演变。其次，这种思想政治教育内容应体现出鲜明的中国特色：既包括对大学生的道德观念及价值取向的教育（如中国历史知识的传授），又包含对全球视野下哲学理念的学习，同时还应融入马克思主义理论教育体系。

（二）综合性与生动性相结合

当代社会，由于社会各部分的不断交融和互动，在学生的世界观、人生观、价值观的塑造过程中所产生的问题已经呈现出复合性的特征。只有实施多元化的思想政治教育方式，才能处理这些复杂的问题，以满足社会多元的进步需求和学生人格全方位成长的需求。

高职院校开展大学生思想政治教育的综合性主要表现在以下几个方面：

首先，全面应用马克思主义理论作为基础工具，对大学生进行理念教育。马克思主义理论是涵盖了人类社会的各个方面并对其进行了深入探讨的系统性理论成果，涵盖了政治、经济、文化、社会和人的思维等多个层面。在当前的社会环境下，社会各领域的界限逐渐模糊且趋向统一整合，人们所面临的一些挑战也需要通过多种角度去分析和解决，因此，必须以一种多元化的视角来看待这个问题，既要用到哲学的思考方法，也要融入一些其他相关概念。

其次，大学生的思想政治教育通过吸纳并应用各类学科的研究成果，以更丰富的形式展开教学活动。高职院校要利用各种相互关联的专业科目，更好地了解学生的心理状态，从而更有效地引导他们走上正确的学习和生活道路。

再次，整合各个领域的资源，共同推动精神政治的教育工作。高职院校的思想政治教育是一个涉及全社会的整体项目，要求在党的引领下，调动各部门的力量共同参与，同时也需要党、政、工、团、新闻媒体的支持，以及学校与家长、社会组织等合作伙伴的共同努力。

最后，全面运用多种教育手段和策略，实现全方位的教育。由于影响因素的多元性和复杂性，高职院校必须采用多样化的全方面教育方式，才能确保教育的有效性。这种全方位的精神政治教育涵盖课程内外的辅导、理论知识的学习与实际经验的融合、教师引导下的学生自主学习及线上线下同步推进等多种方式。

当代大学生的思想政治教育具有鲜明且生动的特性。这种特质体现在具体、典型、创新的形式上。作为以年轻人为主体的知识阶层，他们面临着独特的进步需求及发展挑战，如职业规划、爱情生活、家庭关系、政治观念、伦理观、心理学等方面对社会的适应等问题。这些直接涉及个人利害的事项在各类人群中有着各自的表现形式和重点，呈现出多元化和特定化的特点。因此，思想政治教育应紧密联系现实情况，关注学生个体的需求，依据实际情况选择相应的教育理念和策略，灵活有效地实施教学活动。只有这样，才能满足大学生的期望，发挥教育的引导作用。否则，教育就会脱离实际、脱离学生，变得形式化。为使思想政治教育更具活力，我们需要考虑大学生的特性。大学生不仅具有较强的逻辑思考能力与理解能力，而且思维方式灵活且热衷探索新鲜事物，对获得实际生活中的经验有极大的渴望。特别是在新媒体与网络环境下，一些大学生长时间接触各类信息及事件，形成了快速阅读大量信息的习惯，并且倾向于用直观的方式认知世界。因此，高职院校必须实施富有活力的思想政治教育，不仅要让大学生接受道理，还要让他们感受到感情上的共鸣；不仅要在课堂上强调教育的重要性，还要鼓励大学生积极参与社会实践，更好地了解社会的方方面面；不仅要把思想政治教育的元素融入大学生的专业学习过程中，还要在教导、研究和服务的社会活动中全面体现。

（三）历史性、现实性与理想性相结合

首先，大学生在社会实践和历史文化方面缺乏经验与积累，他们渴望了解自身所处的社会的历史沿革，并且期望在深厚的民族文化之中找到自己的定位。因此，中华民族历史文化教育对大学生而言不仅是必要的，而且是他们感兴趣的。除了接受古代优秀传统文化的教育，他们更应该接受中国共产党的优良传统教育。中国共产党的优良传统是党在我国特定历史时期经历艰苦卓绝的革命和建设过程中形成的精神财富和政治优势。这些传统包括解放思想、实事求是的精神，紧跟时代、勇于创新的精神，迎难而上、永不退缩的精神，艰苦奋斗、追求实效的精神，超脱个人名利、无私奉献的精神，等等。这些精神是大学生思想政治教育的宝贵资源，需要代代相传。

其次，在大学生的快速成长阶段，他们渴望了解和探索的精神不仅仅体现在大量吸收课本知识上，还表现在对现实世界各类情况、事件的高度关心、敏锐观察及深入研究上。在学习的进程里，由于缺乏足够的经历和经验，他们常常会对当前的社会状况产生疑问，并且期待获得答案和指导。若教师忽略或无法给出让他们满意的回应，他们可能会陷入迷惘和困惑，进而影响到自身的思维情感和生活态度。所以，思想政治教育需要密切结合实际情况，尤其是学生的思考现状和生活环境，积极帮助他们解决问题并消除发展的阻碍，引领他们平稳前行。

最后，大学生的年轻特性使其具备了光明的前景及广阔的发展可能性。对未来充满期待、怀揣梦想并渴求成功，不仅是他们的显著特征，也构成了其成长需求。因此，针对这些特质，学校有必要根据学生的实际情况，指导他们做出正确的决策和价值观判断，特别是在协助他们逐渐确立远大的理想信念方面，以防止他们在决定方向和价值观时产生困惑，同时也要引导他们抵制追求眼前的利益而忽略长期目标。

高职院校进行大学生思想政治教育，其历史性、现实性和理想性是相互

关联、相互转化的。这不仅是将一个尚未成熟的年轻人塑造为一个成熟的成年人所需要的教育方式，也是学生成长和发展过程中所必须接受的教育。

二、高职院校开展思想政治教育的任务

（一）以立德树人为根本

为学生提供社会主义核心价值观的教育，引导他们树立正确的人生观是高职院校思想政治工作的使命所在。当代中国强调学校教育以育人为根本，注重德智体美劳全面发展，把德育放在首位，意在将高等教育打造成塑造优秀青年的熔炉，同时指明了社会主义核心价值观是高职院校办学的灵魂和引领。

立德树人是高等教育的本质，也是高职院校的立身之本。为了实现高等教育本质的全面回归，我们要重视思想政治工作的建设和党的领导，将思想政治工作与教育教学相结合，形成协同效应。人才培养体系包括学科体系、教学体系、教材体系和管理体系等方面，在其中起贯穿作用的正是思想政治工作体系，这也强调了思想政治教育的长期性、必要性和必然性。因此，高职院校要坚持党的领导，坚持社会主义办学方向，充分发挥中国特色和优势，培养出符合社会主义建设者和接班人需求的人才。

（二）以理想信念教育为核心

理想是在实践过程中产生的、有潜力可以达成的、对于未来社会和生活进步的期望和渴望，它具体表现了人们的世界观、人生观、价值观在努力方向上的追求。信仰是一种基于特定认知基础之上建立起来的，坚定地相信某个观点或者事物的内心情感和精神状况。理想和信仰都是人类独有的思维活动。它们为人类提供了生活的憧憬、生命的驱动力和精神的支持，改善了人类的生活和发展方式，使得人类摆脱了原始生物的本能适应模式。理想和信念是一定社会意识的反映，由于社会存在不同，产生了不同的理想和信念。在历史长河中，受不同的生产力和经济发展程度、社会的形态及人们经济政治文化的角色差异、所属的社会阶层等因素的影响，人们对于社会发展的理解和掌握程度也会有所不同，从而形成的信仰观念

也各不相同。这种信仰观念不仅受到时代的限制，而且随着时间的推移不断演进。

科学的理念与信仰并非仅存在于人们的思想之中，更是对实际世界遵循其法则及追求其目标的一种反应，这是一种既包含现实又超脱现实的存在。然而，对于许多现代大学生而言，他们的理想和信仰往往过于关注个人的追求和生活方式的选择，如职业选择或短期计划等，而忽视了社会的整体利益和目标，如道德标准和长期规划。此外，部分学生的信念过分强调自我的努力和个人的影响，缺乏与团队合作的能力。这些现象是大学生思想政治教育应重点解决的问题。要达到让大学生正确认识到个人理想与社会理想的关系的目的，可以通过进行理想信念教育来引导他们。另外，还应让他们明白，个人的远大理想是与民族、国家的社会理想紧密相连的。如果个人的生活目标脱离了民族、国家的发展实际，那么这些目标将难以实现。

把理想信念教育放在核心位置，全面推进正确的世界观、人生观、价值观的教育。坚定地运用马克思列宁主义、毛泽东思想、邓小平理论、“三个代表”重要思想、科学发展观和习近平新时代中国特色社会主义思想来教育大学生。深入开展党的基本理论、基本路线、基本纲领、基本经验的教育，中国革命、建设和改革开放的历史教育，以及基于基本国情和形势政策的教育，让大学生正确理解社会发展规律，了解国家的前途命运，明确自己的社会责任，坚定地在中国共产党的领导下走中国特色社会主义道路，实现中华民族伟大复兴的共同理想。同时，要积极引导大学生追求更高的目标，树立共产主义的宏伟理想，确立马克思主义的坚定信念。马克思主义信仰和习近平新时代中国特色社会主义思想是当代大学生理想信念教育的主要内容。

（三）以爱国主义教育为重点

一直以来，爱国主义都是激励中国人齐心协力的重要动力源泉，也是引领国家和文明进步的旗帜，是全国各族人民共同的信念与精神支柱。在这个全新的时代背景下，加强国民爱国主义教育的工作显得尤为重要。这不仅有助于提升民众的凝聚力和应对挑战的勇气，还能进一步巩固国家的统一和稳定，引导全体公民独立自主地努力创新发展，从而推动构建具有中国特色社会主义法治体系这一伟大目标的实现。因此，从实际角度出发，爱国主义教育有着极大的现实价值及长远的影响力。具体而言，要重点关注的教学内容主要包括：一是中华民族悠久历史和文化传统的传承和弘扬；二是要深入理解党的重要政策方针和基本路线、国情教育、社会主义民主和法制教育、国防教育和国家安全教育，特别是民族文化安全教育和社会主义意识形态安全教育、民族团结教育等。面对经济全球化、社会信息化的挑战，爱国主义教育面临着许多新情况、新问题，针对这些新情况和新问题，爱国主义教育提出了新的要求。

第一，要坚持爱国主义与爱社会主义的一致性。在中国特色社会主义制度下，马克思主义基本原理同中国具体实际相结合，符合中国社会的发展规律并满足广大民众的需求，从而确保了国家的富强进步。在当今中国，爱国家首先要体现出对社会主义制度的热爱和拥护。

第二，坚持爱国主义与维护祖国统一的一致性。在爱国精神的发展过程中，守护国家的和谐稳定、抵制分裂行为是国人深切的情感表达，同样也体现了国人对于国家主权和领土完整的维护。

第三，坚持爱国主义与面向世界的一致性。在这个经济全球化的时代，科技发展使得人们可以自由地跨越国界进行交流，这种现象导致一些人对自身身份感到迷茫。然而，我们要明白的是，经济全球化是一把双刃剑，它既带来机会也充满挑战。即使在经济全球化的环境中，国家依然是民族存在的最高组织形式，也是社会活动中的独立主体。只要有国家存在，爱国主义就会有一个稳固的基础。在参与经济全球化的过程中，我们必须坚持爱国主义，并坚决维护国家利益。只有勇敢且擅长应对经济全球化的竞争，才能加速国内经济发展，持续提升国家的经济实力和整体实力。为了更好地弘扬爱国主义精神，我们需要用开阔的眼光去看待事物，用积极、理性的方式融入经济全球化的进程，推动国家的进步。

第四，坚持以爱国主义为核心的民族精神教育和以改革创新为核心的时代精神教育。爱国主义情怀贯穿中华民族发展的历史，是中华民族精神的核心。作为祖国的未来和培养民族精神的重要力量，大学生必须时刻保持对祖国的热爱。当代大学生应具有的民族精神主要包括：中华民族的自尊心和自豪感；在对外交往中坚定民族气节的态度；社会责任感和历史责任感；自觉为中华民族和平崛起贡献力量的意识；等等。时代精神的内涵非常丰富，其中改革创新占据了核心地位。改革创新是我国繁荣昌盛的不竭动力，是中国共产党保持活力的源泉。改革创新包括理论创新、制度创新、科技创新、文化创新等多个方面。改革创新深刻反映了时代的要求，为实践的发展注入了新鲜力量。改革创新是进一步解放和发展生产力的必要条件，是建设社会主义创新型国家的紧迫需求，是建设社会主义和谐社会的重要保障。因此，在当代社会条件下，改革创新是爱国主义的生动实践和具体方略。

（四）以基本道德规范教育为基础

在一个社会里，道德的影响力通常取决于基本道德准则在社会成员中的认知程度、信任程度和实践程度。大学生作为公民中文化素质较高的一个群体，应成为主动遵循公共伦理准则的行为典范。这主要体现在以下三个方面：首先，大学生在意识形态层面充分理解并接受公众的基本道德原则及其内涵与规定；其次，大学生应以这些规则为准绳来指导自身的行动，从而做出正确的道德决策；最后，大学生应通过实践这种理念，塑造自身的价值观，丰富内心世界的精神需求，提高个人品德层次。

对于大学生而言，诚实守信是非常重要的价值导向。这意味着他们不仅要对自己坦诚，而且要对他人保持尊重。同时，遵守承诺并维护个人声誉也是非常关键的部分。这些品质共同构成了大学生真实的自我表达和坚定的责任感的基础。这种态度直接影响到良好社会氛围的建立和社会的稳定发展，也间接决定了民族未来的走向。因此，高等院校要利用思想政治课程来强化学生的诚信理念，培养他们的责任感和行动力，让他们明白如何以实际行动践行诚信原则，做到言行一致、内外兼修。此外，还应借助规章制度的力量，让学生认识到诚信的重要性，从而养成重视个人品德修养的习惯。

（五）以大学生全面发展为目标

高职院校的核心职责在于提升大学生思想政治素养并推动他们全方位发展。此外，学校还要依据社会的进步及学生的个人成长需求，开展社会主义法治观念训练、文化修养和科学思维培养、团队协作理念培育等课程。

第一，社会主义民主法治教育。学校应让大学生准确地认识到社会主义民主和法治的基本属性及特点，并培养他们对于社会主义民主和法治的认知，让他们习惯于遵守法律法规并严格按照法律法规来执行任务。社会主义民主法治教育的核心内容在于对法律权利和义务的教育。法律权利和义务意识应包含对法律权利及其义务本质的深入了解，大学生应该熟练掌握法律权利及其义务之间的关系，学会合理运用法律权利，履行法律义务。

第二，人文素质和科学精神教育。人类文明中最为核心的价值观和人文精神被视为整个社会文化的内驱力与精髓，旨在实现真实美好的人类生活愿景。这种人文精神以对真理、善良、美的执着追求为核心，并最终指向人类个体的全面解放和社会的发展进步。科学精神则是一种由科学家在科研过程中逐渐形成的实事求是、勇于探索、乐于付出的伟大品质，包括客观的态度、证据的支持、质疑的精神及创新的能力等，这些都构成了科学精神的基础要素。这两种精神在社会活动的各种形式中得以体现，它们相互依存，构成了不可或缺的关键要素。

第三，集体主义和团结合作精神教育。社会主义集体主义原则的根本思想就是正确处理集体利益和个人利益的关系。在社会主义社会中，国家的繁荣昌盛不仅反映了每个公民长远且深层次的目标，也是全体人民的共同目标。与此同时，个人的合法权益也是整个社群幸福安康的一部分。因此，社会的进步直接影响到个体的福祉，社会的退步也直接影响到个体的福祉。

高校教育致力于实现大学生的全方位成长，深度推进他们的综合素养提升；强化对民主法治的教育，提高他们遵守法律的意识；深化人文学术与科技理念的学习，强调团队协作的重要性；推动学生的思想政治修养、知识水平及身心健康的同步发展，引领他们在求知中积极进取、勇于创新并乐于奉献，最终塑造出具有远大抱负、高尚品德、丰富学识和严明纪律的新时代青年。

第三章　产教融合视域下的思想政治教育研究

第一节　产教融合与思想政治教育相结合的理论基础

一、马克思关于教育与生产劳动相结合的理论

（一）教育与生产劳动相结合理论的主要内容

工业革命有力地推动了人类社会的发展，同时也使传统的生产劳动生活产生了巨大的变革，工业生产对劳动者有了更高的职业素质要求。在这种背景下，教育与生产劳动之间的关系逐渐明晰。马克思深入研究现代生产劳动生活，提出了教育应当与生产劳动相结合的理论。马克思认为，工业革命带来了技术革命，从而促进了现代工业的诞生并引领其发展。而现代工业的劳动者只有拥有更高水平的专业技能，才能适应现代工业的发展。单纯用经验学习方式培养的劳动者已经不能满足工业技能人才的需求，需要进行更为系统、全面的教育来提高劳动者的综合素质，这就需要将教育过程与劳动实践过程充分结合。

马克思的相关理念集中反映在他的一些重要作品中，如《共产党宣言》和《资本论》。他在这些书中强调了“对儿童开展公共的教育。将原有儿童工厂的劳动模式进行取缔，把教育同物质生产劳动结合起来”；他还主张“根据不同年龄段调整劳动时间，采取对儿童安全的保护防御措施，使生产劳动与教育能够在早期结合，以匹配现代社会生产力不断发展的需求”；他坚信“工人阶级务必从资产阶级的手中夺回属于自己的那份政权，而理论与实践相结合的教育方式也必将在工人学校中成为主流，这

是毋庸置疑的”。马克思还提出了综合技术教育思想属于教育与生产劳动相结合的主要表现方式的观点。

马克思的教育与生产劳动相结合的思想并不仅仅是对劳动价值的认可，同时还反映了他对教育的重视。这种观点不仅影响到个体的工作态度，而且可以塑造人类间的互动方式。所以，他倡导人们投身于实际工作中，建立自己的价值观，努力创建更美好、富足的生活环境，以实现人生目标。只有如此，才能推动个体的进步，进而促进科技的发展，提升产品的质量。换句话说，马克思的教育与生产劳动相结合的思想在某种程度上有助于充实人们的内心世界，强化他们的心理素质，激发他们对自我价值的探索。

1. 在机器生产的条件下提高社会生产力

马克思曾阐述道：“在生产中科学利用机器原本的构造，使机器能够在动力驱使下自主工作。”随着机械化阶段的推进，机器运作被广泛应用于生产流程，从而减少了工人劳动的任务量，并且伴随着生产的智能升级，科技创新实现了飞速进步，社会生产活动也在朝科学型劳作转型。马克思也曾阐述：“科技就是生产力，劳动生产率也会在科技发展的同时得到有效提升。”这表明科技水准和生产能力的发展程度是一致的。

2. 在社会生产力全面提升的基础上，实现人类的全方位进步

马克思提倡采用生产活动与教育结合的模式，破解传统的知识和技能划分模式所带来的束缚，引导人们走向健康的发展道路。此外，他还主张提升生产效率，消除私有制度，推动全面培育创新型人才的目标，并且进一步推进公共财产所有制的构建。

按照马克思的观点，为了使所有社会个体获得全方位的发展，政府必须彻底改革现有的制度，推动社会主义及共产主义体系的建立，从而创造出一种充满自由和平等气息的社会环境，激发全社会的生产活力。换句话说，人类的全方位进步不仅仅表现在精神和伦理层面上，还反映在身体和智力的劳作层面上。只有通过参与生产活动，人们才有可能充分整合自身的体力和智力资源。由此可见，促进社会生产的先决条件就是确保人们的全方位成长。

3. 通过综合技术教育实现教育与生产劳动相结合

在《1844年经济学哲学手稿》中，马克思在综合技术教育的理解这一部分中指出，“综合技术教育既要求青少年掌握生产各个环节的运作原理，又要求他们能够熟练掌握最简单工具的使用技巧”。作为教育与生产劳动相结合的思想的一个组成部分，推行综合技术教育能够有效弥补分工过程中存在的不足，这与实现人的全面发展休戚相关。他还强调，实行这样的教学方法能使工人们获得基本受教权，相关部门按照规定的要求来安排学习内容的顺序，逐步地传授智能知识、提高身体素质、掌握科技技能的过程，以此使得生产劳动同这三者紧密联系在一起。这样就能正确而有序地管理好工作流程，并将之融入智育、体育等方面的新式复合型的技术培训体系之中，极大地提升劳动者的人才培养质量，从而远远超过资本家的能力范围之内所能达成的效果。

（二）教育与生产劳动相结合理论的当代价值

1. 确立现代教育领域进步的理论基础

“马克思关于教育的思想从来不是只有思想的属性，更有行动的属性。”①要推动社会的进步和发展，必须依靠教育的力量。通过教育，社会可以培育出大量的专业人才，使个人能力得到提高并实现其自身的价值。在这个过程中，教师应有深厚的专业素养及精湛的技巧，学生也需要从中学到知识、积累经验，这样才能在现实工作中运用所学解决问题。所以，教育应该与工作相结合。

教育与生产劳动相结合是马克思思想及行为特质融合的表现形式。简单来说，这种观念已经深入社会的各个层面。教育的存在并不仅限于教室里，它应从教学场所延伸至实务操作、日常生活和社会互动等领域。基于对科学唯物观的理解，马克思全面考虑了历史背景的影响，针对工人群体的真实需求提出了他的教育观点。因此，马克思关于教育与生产劳动相结合的想法是实践哲学理念的核心体现。

① 徐辉，张永富．论马克思主义的“教劳结合”思想与综合技术教育［J］．西北师大学报（社会科学版），2020（3）：117-123.

2. 明确新时代教育和生产劳动相结合的思想理念

就本质而言，人类全能性的实现取决于其工作能力的全方位拓展。同时，如果要谈及整个社会的前进步伐的话，那么这不仅意味着产出力的提高，而且意味着人民文化的明显增强。马克思教育与生产劳动相结合思想强调的是将教育和劳动融合，并把这一思想作为“造就全面发展的人的唯一途径”。

“马克思教育与生产劳动相结合思想明确了新时代发展所需的人才标准，也为我国未来教育事业的发展方向明确了道路。”①在我国，对于人才培养的关注度随着人才强国方针的实施和经济发展及知识创新时代的来临日益增强。这些内容成为马克思教育与生产劳动相结合思想的主要教育任务，其终极目的是提升学生的职业素养，推动他们的全面成长，并为其奠定坚实的基础。当代中国强调的是家庭教育和学校教育，重点是文化、理论学习与实践的结合，这样才能充分发挥马克思教育与生产劳动相结合思想的作用。

3. 促进人全方面能力的均衡发展

马克思教育与生产劳动相结合思想充分体现了对人们基本权利的尊重。马克思教育与生产劳动相结合思想为人们实现全面发展、提升个人的综合能力提供了可能，它既能使人在超越自己现有能力的范围内感受到成就感，得到心理上的充实体验，也能让这种方法不再局限地被某一特定模式所束缚。科学技术的长期进展及其带来的社会的持续变革，使得这一观点得以不断更新并适应新的环境需求。尤其在这个信息化时代的背景下，人们对自己未来的发展规划、教育途径、生活方式等各方面都有了全新的想法，“尊重人们日益多样化和丰富化的选择是教育应当给予受教育者的基本权利”②。马克思教育与生产劳动相结合思想对于终身教育有着巨大的意义，有助于人们更好地把握内心的真实感受，从而找到最适合的成长道

① 宋敏娟．教育与生产劳动相结合的时代内涵及其实现途径［J］．毛泽东邓小平理论研究，2019（1）：15-19.

② 刘佑．对马克思“教劳结合”思想的当代理解［J］．当代教育论坛（宏观教育研究），2007（3）：121-124.

路。这也是人们脱离传统教育体系步入社会后实现自我能力提升的最有效的途径。

4. 持续优化和完善我国的教育体系以及创新体系

（1）教育与生产劳动相结合的观念可以激发人们的创新思维

个人必须保持独立和活跃的思辨能力，避免故步自封，应具备创意思维的能力，以打破传统理念的桎梏，这种特质对于人类的要求是非常高的。但是人们的学习能力并非天生就有，它通常来自日常生活中的体验或通过艰苦努力所获取。因此，为了适应未来的发展趋势，教师应该把工作中的实践融合到教学过程中来。如果要培育出新的创意想法，就必须理解事物的根本原则并对问题进行深入研究。新颖独特的见解往往源于结合教育的实操过程，如果没有深厚的认识能力和扎实的基础功底，那么灵活运用就是一件困难的事情。当学校课程和社会现实紧密相连时，就能达到一种逻辑性和实用性的平衡状态，从而能更好地训练大脑如何分析解决问题，进而激发出更多的灵感火花。由此可见，让教育教学和生活化的工作相互交融，有助于提升学生的想象力和求知欲，推动发掘他们的创新潜力。

（2）教育与生产劳动相结合思想有助于培养人的创新意识

如果只是机械式或被动地吸收某些教条性的概念，或是通过单一的学习方式来获取信息的话，人们思维的广度就会被限制。因此，为了培养创造力并使其得到持续发展，教师必须始终保持教育与实践的结合性和坚持实用主义原则：不仅要注重传授基础知识，而且要重视实践技能的使用及体验。在现今的学生群体里，学生把大部分时间都花在了读书上，却忽略了参与各种社交互动和其他形式的活动以积累生活经验的重要性。这种现象与过去工人们的实际情况截然不同，但是同样反映出一种脱离劳作的社会风气。这对青少年的身体发育和社会化过程极为不利且有悖中国政府最初制定的基本政策理念。面对这一问题，政府应积极采取改革措施，推广全面发展的教学模式，即素质教育，让所有学科领域的相关内容得以充实完善，包括诸如传统文化价值观、现代社会的组织架构等各个方面的知识点，以便更好地满足学生成长的需求，从而达到提高他们的综合素养的目的。

为了贯彻并执行教育与生产劳动相结合的理念，高职院校需要对现有的单向的人才培养方式进行根本性的改革。这包括深入研究如何推动教育与生产劳动相融合的理论体系发展及将其应用于实践的方法；同时，也应该积极构建各类科学研究院所，以形成集聚人才的平台；进一步优化教育体制，推动创新制度的创建及实施。要努力打造一种跨行业的合作共赢局面，让不同领域的技术人员都能共享最新的信息资源，从而确保他们站在科技创新的前沿位置，具备独立开发和创新技术的能力。此外，教师还需要打破传统的教学模式，寻求各种学科中教育与生产劳动相结合的路径，以便在新兴科技和文化的浪潮下及时更新他们的知识储备，永远站在科技进步的最前沿。

二、中国共产党人关于教育与生产劳动相结合的理论

中国共产党人将马克思主义的核心理念与我国教育实际情况相融合，在持续的实践过程中逐渐塑造出富有中国特色的劳动教育观念，这也是新时代劳动教育最直接的思想根源。

1. *承袭成功的经验，推动新时代劳动教育实质性的回归*

共产党人在倡导教育和工作实践结合时，其主要目标是推动人类道德、智慧和身体素质的全方位提升。他们一直以民众为核心，最终目的都是实现全人类的全面进步。深度理解并把握这种理念的关键要素对引领21世纪的教育改革具有长远且持续的影响。

每次教育和工作融合的进步都源于实际需求的变化。随着社会的持续变迁，特别是市场经济体系的深化及完备化和科技的快速更新，人类对于教育和工作的联合价值正趋于理智的需求。教育的核心是人类，而教育和工作整合的核心动力仍然是为了推动人们的全方位成长。脱离了人类去讨论教育和社会进展，或是探讨教育和工作的一体化，只可能是一个主观推断。作为当代教育的一个关键部分，对人类的重视日益变成劳工教育的主要理念，尊重人类的主导地位、自主性和主动性，人类的主导权意识逐步加强，并且继续朝着人性回归。

回顾共产党人在教育和工作一体化观念上的价值观历程，深度解析现时劳工教育的培育内涵，旨在借古鉴今，让人们透过教育深切理解到人类作为个体的根本属性，经由工作确认人类基本属性的重大价值，激起人类发展的内生力量，让其作为一个“完整的人”，全面掌握人类的基本属性。为达到这个目的，新时代的劳工教育必须从“完整的人”的角度创建有助于人类自由、自愿的工作实践环境，让人类的身体、心灵和思考等方面与世界产生全方位互动，让人类的劳动与其生活行为、喜好、特性及劳动结果保持一致，让人类真正地从工作中得到快乐、成功和满足感。只有通过工作体验到身体与精神上的满足，人们才可能真心地视之为自我价值体现和人性的实践方式，并且积极主动地投入其中，增强自身的内在活力，感受自身的生活意义，充分利用人类本性的多样化，最终享受生活的全部乐趣。

2. 塑造劳动的价值理念，指引新时代社会的价值取向

我国的发展历程也是广大劳动人民的奋斗历程。中国共产党人遵循教育规律，针对不同群体重塑劳动价值观念。劳动是获取生活资料的必要条件，“劳动价值观是劳动者对劳动的根本看法，它直接决定着劳动者的价值判断和价值选择”[①]。在过去，我国广大劳动人民为了生存不得不劳动，这种传统观念驱使他们直接或间接参与生产活动，这种价值观念反过来还引导和支持着他们的价值取向和行为选择。

进入新的历史时期，劳动的形式和内容已发生了巨大变化，但人们对待劳动的态度延续了历史上对体力劳动的轻视和对体力劳动者不尊重的错误观念，这一现象在学校中表现得更加明显，学校中的劳动教育呈现出边缘化和形式化的趋势。劳动教育的核心在于培养劳动价值观，如何使人们内化并外化劳动价值观，是解决我国当前劳动教育问题的关键。要实现这一点，既需要学习劳动教育的理论课程，深入挖掘各种课程中包含的劳动元素，也需要以多种形式的劳动实践来磨炼意志，以体力劳动为支撑，使人们在辛勤劳动中表现出高德、严公、守私的品质。塑造劳动价值观是劳

① 刘向兵．新时代高校劳动教育论纲［M］．北京：社会科学文献出版社，2019.

动教育的最终目标，加强劳动教育必须树立新时代的劳动价值观，以鲜明的价值导向引领新时代劳动教育的发展。

3. 构建五育并举育人体系，塑造全面成长的新时代人才

中国共产党在其对教育结合生产的理念的理解中包含塑造人类全方位成长的目标导向元素，它从始至终都影响中国共产主义教学体系的前进路线，并且为其提供了理性的参考及实践指南。在这个多元且日益复杂的世界环境中，技术创新飞速进步使得人力资本的重要性越发显著。中国特色社会主义制度背景下的目标是让每个人都能实现他们的全部潜能，这也是人们必须坚持的目的所在。德、智、体、美、劳这五育是一个天然的整体，只有将其整合在一起，使劳动教育贯穿德智体美劳培育的全过程，才能发挥出五育培养人的最大功效，这是由劳动的性质决定的。劳动教育对于培养全面发展的高素质人才起着基础性作用，要把劳动作为推进教育事业发展的重要环节，努力造就数以亿计的高素质劳动者，开创中国特色社会主义伟大事业的新高度。

三、中华优秀传统文化中蕴含的教育与生产劳动相结合思想

我国是一个传统的农业大国，拥有大量的农村人口和深厚的历史背景，逐步发展出一种独特的农耕文明。这一自发产生的农耕文明则进一步塑造了人们的日常工作和生活模式，并且由此产生了“耕读文化”的概念。“耕”代表农业活动，“读”则是学习知识，两者相结合构成了古代人的理想生活状态。从现代的角度看，这也是古人如何将生产劳动和学问相融合的重要体现。

春秋战国时代是一个充满竞争的时代，同时也是思想文化和劳动生产交融最激烈的时代。在这个时期，著名的改革家管仲坚信勤奋劳动可以带来财富，他倡导“劳教定而国富”。伟大的哲学家和教育家、儒家代表人物孔子主张“博学于文，约之以礼”，即只有把思考能力、身体活动和品行修养融合在一起，才能达到成功发展的目的。因此，从这个意义上讲，孔子的观点诠释了“以劳树德、以劳增智、以劳健体、以劳育美、以

劳创新”[①]的意义。墨家代表人物墨翟基于对工作的高度重视，认识到教育对于促进生产的价值，并且相信“教人耕，与不教人耕而独耕者……教人耕者，其功多”，他是我国历史上第一个明确指出教育必须与实践相配合的教育先驱。法家代表人物商鞅鼓励“耕战”，重视在“耕战”中锻炼能力和增长才干。

秦汉时期，国家大一统局面开始形成，统治者把发展农业当作“立国之本”。在此期间，对劳作者的尊崇与讴歌被大量地记录于文学作品及诗篇之中，同时还产生了教授实用技巧的手册及其相关组织。在吸收了诸子学派的基础之上，东汉时期的著名学者董仲舒提出了“行道养志”“强勉行道，则德日起而大有功”的主张。他强调实践的重要性，倡导人们应通过实际行动磨炼自己的意志，并且培育其伦理观念：一个人不仅需要思考他的价值观并在内心深处遵循这些原则，而且需要将其付诸行动并去实现，只有如此，才能逐渐塑造出优秀的个人品质。

唐代伊始至宋元时期，随着经济重心的南移，农业生产效率的提高使得农村人口社会角色得到改善，并推动国家的经济发展。在这个过程中，古代中国人对学习的态度也发生了变化。例如，他们开始更加关注学校的建设及其功能的重要性；同时，强调通过多元化的课程设置来培养学生的实践能力，而非仅仅局限于理论的学习，其中包括兵法策略、政治管理和社会福利等方面的基础技能训练。这种方法不仅有助于改善当时的课堂氛围，而且能够有效地增强他们的职业素养，从而更好地应对现实问题。

到了明清时期，许多进步人士纷纷提倡实用型人才培育理念，鼓励人们结合所学的文化知识和科学技术去解决日常生活中的各种难题或应对各种挑战。这些人中最为突出的有黄宗羲、王夫之、顾炎武、颜元、魏源等人。尤其是颜元的观点更具前瞻性和深度，他在论述道德修养的同时强调身体锻炼的重要作用并对它们之间的关系进行了深入探讨。他的结论是“读书愈多愈惑，审事机愈无识，办经济愈无力”，而那些经常参与劳作活动的人群则会变得越来越聪明且富有洞察力。

---

① 徐长发. 新时代劳动教育再发展的逻辑［J］. 教育研究，2018（11）：12-17.

在中国历史发展进程中，尊重劳动而轻视劳动者的现象一直存在。因此，大学生思想政治教育需要全面吸收并运用我国优秀传统文化中有关劳工教育的理念，同时结合历史经验进一步完善教学方式，使之更有效地渗透于产学研一体化的发展过程之中。

第二节　产教融合背景下思想政治教育的特点、价值构建与把握原则

一、产教融合背景下思想政治教育的特点

（一）教育环境和主体的复杂化

1. 教育环境复杂化

传统的教育理念中，教室被视为进行思想政治教育的主导性场地，学生获得知识主要依赖教师。然而，当产教融合成为趋势时，教育场景已不再局限于校园内，学生不仅需要在学校里掌握理论知识，还需要到企业去锻炼他们的职业技能。在此期间实施思想政治教育，意味着教育的环境已经超越了传统的学校授课模式，扩展到更广泛的企业联合培养阶段。因此，从教育环境的角度看，思想政治教育已经产生了变革。但是，企业是以营利为目的的，学生在实习期间易产生拜金主义、享乐主义等心理，这给有效的思想政治教育带来巨大的外部压力。

2. 教育主体复杂化

在产教融合背景下，企业的责任不仅是培养学生的能力，而且应全面介入整个人才培训流程；同时，企业也应该参与到对人力资源开发及设计的相关决策之中，以便更好地凸显其主导地位。在此期间，思想政治教育工作表现出两个主角的现象：一方面，高校教师仍通过传统的授课方式传授基本概念、原理等内容供大学生迅速吸收理解并消化记忆；另一方面，各行各界企业家的深度参与起到了关键作用，在推动人力资源发展的效率上有显著贡献，同时也能有效地提升整体效果。然而，问题在于这些企业

家往往更注重自身利益，而非注重为国家和社会培养更多优秀毕业生这一目标。因此，高校需要特别关注在这种多元化的环境下如何引导新生一代正确认识世界并对未来做出正确的选择。所以，在产教融合背景下开展大学生思想政治教育，必须充分考虑教育双主体的复杂性，校企要厘清合作的目的，达成统一的育人方案，以科学的计划安排来应对教育主体复杂性带来的影响。

（二）教育理念和方法的新型化

1. 教育理念新型化

当前全球化进程加速，信息传播迅猛，社会各类信息对大学生产生巨大影响。同时，产教融合模式使教学向企业延伸，教学环境发生改变。教育工作者应准确把握时代特点，及时调整教育理念，创新思想政治教育方式。

首先，学校与企业需要转变传统的教育理念，聚焦于提升理论理解、实践技巧和精神品质的方法，持续以价值观的教育为核心，引领并构建思维导向。正确的思考方式可以指引行动，只有正确定位教育理念，才能培养出更为卓越的学生。

其次，新型的教育方法推动了教师对教育的观念发生变化，使得他们能够建立起更为合理的教学观点。为了应对新式教学所带来的一系列困难和挑战，教师需要积极适应并接受新兴的思维方式，同时要将这些理论融入社会的热门话题中去，以增加课程内容的多样性和实用性，使之更好地符合社会的需求和生活实际的需求，也更能满足学生的期望。

最后，企业必须清楚地认识到，合作培养人才的目标是人才的发展，而不是获取低成本的劳动力。在大学生在企业学习期间，企业应该积极主动地对他们进行正确的思想和价值观指导，让道德教育贯穿于产教融合的整个过程中。

2. 教育方法新型化

确保思想政治教育渗透于产教融合的所有环节之中是为了适应经济和社会的发展变革及面临的风险，同时也是建立全面的人才培养机制的重要策略之一。即强调以知识的学习为基础，注重实践能力的训练。要努力使思想政治课程成为每个学科的重要组成部分，并将其同专业的核心内容紧密联系起来，以此来优化理念学说及其应用能力的发展方向。此外，也应增强对于实用主义观念的重要性的理解：鼓励学生在学校的学习生活中或企业的工作环境下亲身体验社会的现实生活情景，从而更好地把握未来就业市场所需的专业技能水平和个人素质要求等方面的信息。学校与企业应该更进一步强化互动交流的力度，采用一些年轻一代喜欢的创新方法，激发他们的求知欲望和生活热情等。另外，还需要密切关注他们在实操阶段的心态转变状况，这样可以有效地预防潜在的问题发生，或者出现问题时能迅速采取行动并予以解决。

（三）教育任务和要求的严格化

1. 教育任务严格化

人民有信仰，国家有力量，民族有希望。思想政治教育的根本任务就是要培养有理想、有道德、有文化、有纪律的社会主义新人。然而，随着网络技术的进步，人们面临多元文化的挑战和各种观念的影响。因此，需要在教学过程中坚持以马克思主义为指导，致力于提升学生的思维水平、文明素质和政治信仰。要持续推进理想信念教育活动，以激发学生为公众利益而努力奋斗，为国家的繁荣昌盛做出贡献。此外，也应进一步推动中国特色社会主义和中国梦的普及教育，强调中华民族精神和社会主义核心价值观的重要性，加强对爱国主义、集体主义的培养，指导学生形成正确的历史观、民族观、国家观和文化观。与此同时，还要优化职业教育体系内的思想政治教育方法，增强其全面性和连贯性。无论是课堂上的理论讲授还是实践的学习体验，都应该始终保持重视思想政治教育的态度。这样才能帮助学生在日益复杂的社会经济环境下保持积极健康的心理状态，让他们能够真正理解并贯彻所学的理论知识，从而自发地规范自身的言行举止。

2. 教育要求严格化

我国经济已由高速增长阶段转向高质量发展阶段，而创新作为引领发展的第一动力，被视为构建现代化经济体系的关键因素。深入贯彻创新驱动发展战略，需要依靠创新型专家，并继续深入研究如何发展教育制度、提高科学技术。在新时代，我国社会经济正在蓬勃发展，因此，通过产业和教育相结合的方式，可以适时地调整教学方法和内容，提升人才培训的效果。首先，高等院校的教育应紧密联系市场的经济发展需求，深挖思想政治教育的潜在价值，加强公共伦理、职业操守、家庭美德和个人品质等方面的教育，同时注重知识技能和思维能力的培养，从而减少企业的压力。其次，高校应该与企业一起规划课程安排、培养方案及培养目标，确保每个教育步骤都得到精确执行，针对性地开展教育工作。最后，产教融合的过程要严密监控，确保思想政治教育融入所有教育环节中。始终密切注意学生的心理状态，以便随时调整教学策略，这样才能更有效地实现学校和企业的无缝连接，让理论学习和实际工作的要求达到统一协调。

二、产教融合背景下思想政治教育的价值构建

（一）注重思想政治教育对产教融合的引导

产教融合不仅可以提升教育的社会效益，而且可以强化大学生的实践技能，给企业带来新的动力源泉。这是一项涉及广泛且系统性的任务，要求全面考虑和调动各方力量。然而，不论教育体系怎样变革或采用哪种形式的产教融合，都应始终坚守社会主义的教育理念，并将培养学生的道德品质作为优先事项。思想政治教育则能够引导人们建立正确观念，将其纳入整个产教融合的过程中，能为产教融合提供明确的指引。

1. 坚持正确的政治方向

根据有关规定，国家在受教育者中进行爱国主义、集体主义、社会主义等的教育，既是对学校教学任务的规定，也构成了思想政治课程的重要内容。然而，仅依靠产教融合的方式来实施这些教育是不够充分的，还需要在整个产教融合的过程中融入并贯穿思想政治教育的内容。只有确保坚持正确的政治方向，大学生的个人发展目标才会更加明朗，从而能够顺利地迈出人生的关键步伐。

必须始终保持对大学生的思想政治教育的正向导向不动摇，并且运用马克思主义将其与企业的实践相结合。企业内的文化和思维方式多样且复杂多变，因此，需要加大对大学思想政治工作的投入力度，增强我国社会

主义核心价值观的教育力度，塑造出具有中国灵魂、中国精神的人才。思想政治教育为产教融合指明了政治方向，那就是要根据市场经济的发展，把握思想政治教育规律，把握教书育人规律，为中国特色社会主义事业发展培养一批政治立场坚定的高素质人才。

2. 坚持正确的教育方向

产教融合要坚持智育劳育相结合的理念。高职院校需要关注并强化第二课程的发展，同时也要强调实践的教育方式，始终保持教育活动与工作及社会的紧密联系，积极参与各种形式的社会实践。这是一种针对当前我国社会主义面临的新环境、新发展趋势和对于国内教育发展新形势的全新判断，也同样是推动产教融合工作的指导方针。

不忘初心是实现目标的关键所在。为了达到理想的目标状态，高职院校需要坚守以学生为中心的原则并将其融入协作中；同时，要确保道德修养和个人成长之间的平衡关系得以保持，并将实践经验同知识学习结合起来。在推进产业教学整合的过程中，也要时刻铭记我国公立高等学校的本质属性。

3. 坚持正确的文化导向

核心价值观念作为文化的精髓和关键部分，对塑造国家文化特性及引导走向起到了决定性的作用，它深深地渗透到文化本质中并引导着文化的发展方向。总而言之，一国的文化力量主要由该国的核心价值理念所驱动，这些理念赋予了国家活力、团结力和吸引力。文化繁荣的国家也必然会昌盛，因此，在推动产教融合时需要坚守正确的发展路线。然而，企业内部存在自私和个人享受的行为，其以追求自身利益为主导，对于培养人才产生了负面影响。由于企业的责任有限，无法独立完成人才培养这项任务，因此必须依赖学校的支持，借助思想政治教育的手段来实现人才培养的目标。可以基于传承中国优良传统、弘扬革命精神和社会进步的精神，利用思想政治教育的影响力，引领产教融合向提升大学生的全面素养的目标前进。思想政治教育是一种能够赋予人高尚品格的教育方式，将其应用于产教融合过程中，不仅可以有效改善企业的文化环境，而且可以提供正确的文化指导。

（二）全方位探索思想政治教育在产教融合过程中的任务设置

1. 顶层设计与具体落实相结合

思想政治教育涉及许多方面，如教科书、课程设置、师资力量、环境因素等，这构成了一个全面且系统化的计划，因此有必要加强其顶层设计。顶层设计主要的目标是响应教育部提出的“三全育人”（全员育人、全程育人、全方位育人）的综合改革试点要求，以深化相关的体制和政策建设，增加资源共享，扩大专业课与思想政治教育的交融范围，制定相应的评价标准和业绩评估策略，从而培养一支具备高水平的专业技能、优秀品质和崇高的职业道德的思想政治教育专家团队。此外，为了适应思想政治教育改革的新挑战和需求，要创建一些综合性的试验项目和重要的高质量项目，利用这些优秀案例激励和引领思想政治教育改革的发展。同时，也应重视实施细节上的精准、创意和实用性。例如，要明确思想政治教育的工作职责，优化教学设计，注重课堂内容的生动性，根据不同的学科领域和学生的年龄段设定个性化的教学目标；鼓励学生团体和学生协会发挥作用，用他们喜欢的方式传播思想政治教育的内容、精神内核和价值观；还要打破各个部分之间的隔阂，实现思政教育与德、智、体、美、劳的有机融合，从多个角度全方位地开展人才培育活动。

2. 一个内核与多维协同相结合

一个内核就是指“立德树人”。在产教融合理念的背景下，需要坚定地坚守“立德树人”的核心理念，始终关注人民的利益，保持坚定的初心和责任感，勇敢面对挑战，积极创新，大力弘扬社会主义核心价值观，坚定走中国特色的教育道路，以此培养出能助力建设强大中国的梦想家和继承者。多维度的协作方式是指构建一门广泛覆盖各类资源、环境、关系的“大思政课”，如深化与企业的联系以及政府部门、社区和其他伙伴机构的关系。通过实践性的深度学习、强烈的互动性和丰富的经验感受，提升政治理论教学的效果。此外，鼓励学生走出课堂，观察社会，使其对国家的宏伟战略有更深刻的理解，从而建立起一种涵盖整个社会的全方位、多层次的政治理论教育体系。

3. 理论深度与实践广度相结合

重视思想政治教育，首先要增强学生对中国特色社会主义的道路自信、理论自信、制度自信、文化自信。引导学生确立信仰，坚定地走上中国特色社会主义道路，全面了解中国特色社会主义理论体系的内涵，坚持和发展中国特色社会主义制度，继承并发扬中华优秀传统文化和中国特色社会主义先进文化。用“四个自信”的理论滋养人生，引导学生的学业和事业发展并构建个人精神品格。

理论和实践紧密结合。在理论的指引下，思想政治教育的实践需要更广阔的舞台。积极引导大学生走出象牙塔，把目光投向当前中国的伟大建设，领悟祖国发展的艰辛与辉煌，深入基层，深入生活，深入祖国建设的前线，以真实的实践和行动，把知识和技能、青春和热血献给这片充满发展活力的土地。

4. 线上教育与线下培养相结合

现阶段，以互联网上各种新兴科技为基础的教育方式正在迅速崛起并逐渐被视为一种重要的学习方法，尤其是在线课程的发展。因此，高校不仅需要关注传统课堂中思想政治教育环境的多维度和多样化的扩展问题，而且需要借助先进的信息科学工具来提升远程授课能力。这包括通过社交媒体创建一系列专门针对大学生思想政治教育的公众账号，同时给予适当支持与奖励，尤其是对制作出富有创意且具有明确方向的相关网络文化和知识产品的奖励。此外，也应该努力提高关于思想道德问题的慕课教程的使用率，以便构建一个包含多种视听资料类型的一体式学习网站或服务平台，如影片剪辑片段、声音录音文件等，以此丰富在线的教材储备量，并且改善其提供的各项功能和服务质量。建设一套共享式的教育教学素材数据库系统，要善于运用那些年轻人普遍喜欢使用的流行新媒体格式，如短视频、微电影，以此加强思政教育在这方面的创新与突破。

（三）在产教融合实施中构建思想政治教育的价值观

1. 家国文化的注入

在中国传统人文观念中，家的概念延伸至整个国家和人类社会的大背景之中。由家而国，这是中华民族的精神内核之一，也是激发无数中国人勇敢向前迈进的力量源泉。这种关系被视为一种重要且深刻的中国人思维方式及行为准则体系的一部分，同时，它也在当今的教育理念建设中占有一席之地。因此，必须重视在学习家国文化和政治理论的过程中强化对这一传统观念的理解并融入其中。首先，要通过汲取几千年中华文明的美德精华，培养优秀的品质和人格特质，从而建立起具有中国特色的世界观和生活态度，树立正确的道德标准并培养社会责任感。这不仅能使学生在未来的职业生涯中学会如何处理个人利益与集体福祉之间的关系，而且能让他们更加坚定地追求自己的理想目标，并且始终保持积极向上的人生状态。其次，继续深入研究社会主义发展方向及其核心内容等一系列观点，并且在课堂实践环节加倍努力，让这些先进的社会意识形态深深扎根于学生的内心。

2. 创新理念的树立

在这个充满变革的时代中，最具代表性和关键性的元素就是创新的精神力量。无论是在哪个领域的发展过程中，我们都需要这种积极的推动力来实现突破并取得进展。实际上，这也是对实践能力的强调。政治理论课教育者的目标是从根本观念到实际行动，激发学生的创造力和独立思考能力，鼓励他们勇于挑战传统框架并在工作中寻找新颖的方法论与规则模式。同时，也必须持续更新教学内容、方式、技巧等方面的教学策略，通过大胆尝试和勇敢面对困难的方式来激励他们热情参与，从而达成预期的效果。此外，为了更好地适应未来的职业生涯和生活需求，我们要始终坚持开发知识的新境界，努力构建一套符合现代科技发展的价值观系统。这不仅有助于在职场上有更好的表现，而且能为社会经济发展做出更大的贡献。在产教融合背景下，学校和企业要做到创新培养人才、发现人才、聚集人才，以实现教育的真正目的。

3. 工匠精神的培养

在实现中国梦的伟大征途上，我国需要由制造业大国转向制造业强国。工匠精神的养成是高职院校为中国发展高端制造业源源不断输送人才的重要法宝，即以工匠精神来塑造学生的人格特质。

这种方式强调了三个核心价值观的重要性。第一，培育学生的专一性和全情投入的能力，无论是在校期间还是进入职场，学生都应保持这一习惯，通过坚定信念、明确方向及持之以恒的努力，达到他们的个人愿景和生活目的；第二，要求学生在工作中始终坚持以一丝不苟的态度对待每一个细小的环节或步骤，能够耐得住寂寞，潜心研究，从而提高自身的素质修养水平，并在实践过程中逐步完善自身的行为准则，直至达到近乎完美的境界；第三，对工作的热忱度及其带来的深度参与意识，使学生具有强烈的责任担当，并且对本行业充满热情，以此激发个人的积极主动行为，从而实现自我价值。

4. 职业道德的建立

借助思想政治教育，培养学生的社会主义职业道德伦理与原则。首先，积极弘扬团队合作的精神，这是社会主义职业道德准则的主要线索。它决定了如何恰当地处理国家和团体之间的关系，构成了评估个体职业行为及职业素质的标准。其次，树立诚信的原则，将真实性和承诺视为珍贵的价值观，努力保持对事物的专注度和对人的信任感。再次，坚定地以人民的利益为中心，一心一意为民众谋福祉，这不仅是党的宗旨，而且是大学生必须掌握的重要品质和理念，是整个社会的职业伦理的核心价值所在。最后，强化法治观念，学习法律知识，理解法律内涵，遵守法律法规，尤其是在重要职位上，需要坚守法律底线，并且在日常生活中能够运用法律来保障自身的权益。

三、产教融合背景下思想政治教育的把握原则

（一）分类区别对待教育的原则

事实上，随着时间的推移，高职院校的学生正在以多种形式参与到生产与教育的结合之中，如“半工半读、工学交替”、勤工俭学、订单培养、项目导向任务驱动和顶岗实习等不同的形式。从产教融合的学习方式看，有先理论学习、后岗位实践的，有理论学习和岗位实践交叉进行的，还有单纯岗位实践的；从参与产教融合的学生群体来看，有相对集中的，有相对分散的；从产教融合的时间分布来看，有大二进行产教融合的，也有大三进行产

教融合的。因此，不能简单地用统一的标准来应对所有的情况。

（二）与专业素质教育相结合的原则

为了增强大学生的专业技能，高职院校在推进产教融合的过程中，需要优先考虑“专业对口”，并将其融入整个产教融合的教育流程之中。同时，针对各阶段大学生的专业素养差异，应该因材施教，采取个性化的策略。例如，在大二期间参与产教融合的大部分同学可能缺乏足够的理论基础，那么就需要加强其在专业方面的学习，让他们能够正视产教融合中的挑战及难题，并且能从理解企业所需的专业知识和技能的角度出发，在校内更有效率地掌握相关课程；而对于即将毕业的大学生来说，企业需要将毕业生综合实训与产教融合相结合，以此激发他们在产教融合活动中的热情和动力。

（三）与职业素质教育相结合的原则

虽然毕业生的专业技术水平是关键因素，但是像职业操守、诚实正直、勤奋努力、耐劳坚韧、团结协作、人际沟通技巧等非技术性的素养却受到企业的更深层次关注，这已经成为普遍共识。追求经济效益最大化的企业无法轻易地让学生承担核心职位或重大职责，期望仅靠一次产业与教学结合的过程来大幅提高学生的专业技能是非常困难的。因此，企业必须确保以提升学生整体素质为目标的教育理念贯穿学生参与的产业与教学相结合的整个过程中，让他们明白除了掌握专业技能，对其他职业素养的训练同样是产业与教学相结合的关键部分。

（四）与就业教育相结合的原则

由于当前就业环境日益严峻，寻找理想工作已经成为每位大学生的烦恼，而产教融合为学生提供了提前步入职场并提早感受求职压力的大好机会。所以，在产教融合的学生思想政治教育过程中融入对就业市场深入认识的引导，有助于激励他们更珍视这个难得的学习与实践机会，迅速适应工作状态，妥善应对各类挑战和困境，以确保高职院校实现其高等职业教育的既定目标。

第三节 产教融合过程中思想政治教育面临的挑战

一、产教融合过程中实施思想政治教育的必要性

“思政课应该是一门充满着理论光辉和实践价值的启发性课程，对于帮助青年大学生以科学理论武装头脑、指导行为起着不可替代的作用。”①

（一）在产教融合过程中实施思想政治教育是实现人才培育的新要求

产教融合的教育模式对于我国的高等教育、职业技术教育来说是一个关键步骤，同时也是推动教育变革的重要契机。社会的飞速进步和产业格局的不断变化，对多元化的人才需求变得更加迫切。因此这种以生产实践为主导的教育方式逐渐受到重视，并且它同思想政治教育之间的整合与交融也已经深入各个层面。高校和企业合作培养人才，为推进思想政治教育的创新提供了优越的环境。

1. 思维方式新

思维方式指的是一定时代人们的理性认识方式，是人的各种思维要素及其结合。按一定的方法和程序表现出来的相对稳定的定型化的思维样式，是主体观念的把握客体，即认识的发动、运行和转换的内在机制和过程②。人类的思维方式会因时代的演进而有所变化，这取决于社会的主导力量是如何塑造他们对于事物的了解。随着校园和企业合作培养的高度一体化，思想政治教育必须坚持进步的原则，持续改进思想政治教育的思维模式，以解决新兴问题和适应产教融合的发展，促使思想政治教育从系统的、全面的角度去看待和处理。把学校和企业的思想政治教育资源整合起

① 王天泽，马涛．思想政治理论课建设坚持理论性与实践性相统一论析［J］．思想教育研究，2020（7）：94-98．

② 李秀林，王于，李淮春．辩证唯物主义和历史唯物主义原理［M］．北京：中国人民大学出版社，1984．

来，让它们有条不紊地运作。激励思想政治教育的主导者拓宽视野，跟上时代变迁的步伐。

2. 育人方式新

思想政治教育与社会的进步密不可分，它的形成和发展都是在科学理论和党的引导下进行的。思想政治教育是党的传统优势，也是党在不同历史时期获胜的关键，在全部工作中处于重要地位。在新的发展进程中，教育也要始终坚持以马克思列宁主义、毛泽东思想、邓小平理论、“三个代表”重要思想、科学发展观、习近平新时代中国特色社会主义思想为指导。产教融合扩展了思想政治教育的第二学堂，使得高校育人更有说服力、感染力、凝聚力，使高校在遵循教学规律、学生发展规律、社会发展需求的基础上优化思想政治教育的教学方式，让大学生深入企业，感知社会实际情况，充分发挥大学生的积极性，使思想政治教育更具活力。

3. 育人氛围新

对于思想政治教育来说，其进程应是逐步且无形的。随着产教融合的发展，思想政治教育开始走出教室、走向企业，由理论转向实践，大大拓宽了学生的眼界并满足他们个人成长的需求和对社会的好奇心。在这个过程中，学校和企业的联合培养使得学校的物质文化和精神文化氛围得到改善，也为提高课堂教学效果和更新校内设施提供了新机遇；同时，企业的参与使得学生能在实践中学到更多，明白思想政治教育的意义所在。这使得大学的思想政治教育进入了一个全新的领域。

（二）在产教融合过程中实施思想政治教育是提升育人实效的新方式

1. 采用渗透式的教学方法，提升思想政治教育的有效性

整合的教育理念贯穿于思想政治教育之中，并与其他各科相交融，形成由点到面的提升路径，这是实现有效的思想政治教育的关键步骤。在学校环境下，思想政治教育往往侧重规范管理而非激励参与，缺乏吸引力和亲切感，导致学生与之保持一定的距离。然而，当将思想政治教育融入实践时，它能悄然无声地深化大学生对于该课程的认识并且提高他们的接受度，从而减少僵化灌输的情况，增加教育的生动性。思想政治教育需要根据教学目的和学科的核心内容来深入发掘企业的相关元素。例如，利用企

业实习机会，培育学生勤奋努力和不怕困难的工作精神；通过宣传优秀员工的事迹，引领他们建立起探寻真理的科研精神；通过学习企业文化，激发出他们的职业热爱及追求卓越的技术能力；等等。这种方式能够使思想政治教育自然地渗透到整个教育过程中，增加了教育的灵活性，强化了教育的效果，为未来的教育改革提供了新颖的视角。

2. 加强逻辑理解，增强思想政治教育的有效性

人的认知进步是从学习到行动再到学习的循环往复。同样地，思想政治课也遵循着这样的逻辑顺序：先由教师传授理念和概念，然后学生将其吸收并转化为内心的信仰与认可。只有如此，才能使思想政治课成为推动大学生进步的动力源泉与行为准则。而在产教融合的教育环境里，当步入职场时大学生会面临各种文化差异和社会观念的变化，这使得他们在更深层次上领悟到“以人为主导，道德优先”原则的重要意义。这种思维方式既是一种心智上的反应，又是一个实践环节。由于有了实习机会的存在，他们的观点可以被直接付诸实际行动，并且在其中反复验证这些原则是否正确有效。在这个过程中，不断地反思—思考—践行，最终提升了课程的效果和实用价值。

3. 增强实践中的思想政治教育，提高思想政治教育的实效性

立德树人是教育的根本任务，对于“德”的培育则是高等教育的主要责任及目的。“任何教育活动都需要一定的载体或路径才能实现。思想政治教育活动也不例外。”[①]思想政治教育也需要运用特定的手段以提升学生的道德品质。由于其自身的实践特性，思想政治教育需要结合多方面的因素形成全面发展的能力。此外，产教融合可以有效填补实践教学的空缺，让大学生在实际工作中深入理解并应用思想政治教育理念，从而避免过于形式化的教育方法。企业的指导教师亲身参与到实践活动中去，使他们的指导更具说服力，同时也缩短了他们与学生的距离，引领着学生积极投入实践。这种实践过程能持续验证思想政治教育的正确性，不仅有助于提升学生

① 吴巧慧．应用型高校思想政治教育实效性探究［J］．思想理论教育导刊，2015（6）：106-108．

的职业技能，而且能强化他们在面对不同情况时的心理承受能力。把思想政治教育融入实践之中，使其更加贴近生活，更有利于提高其实际效果。

（三）在产教融合过程中实施思想政治教育是提高综合素质的新途径

1. 夯实基本素养

对于大学生的社会生存能力来说，基本素养是非常重要的。为了更有效地参与到社会的日常生活中去，大学生需要拥有高尚的价值观和坚定的信仰，保持乐观向上的精神面貌，掌握深厚的专业技能，始终遵守道德准则和法律规定。这些基本素养是个人发展的基石，它们能引导个体找到自己的目标，应对挑战、持续进步和自我提升，从而能够胜任其职业角色。然而，高职院校无法单独完成对学生基本素养的教育任务，学校仍旧是主要的基础素养教学场所，因此依赖于思想政治教育来实现这一目标。思想政治教育的核心目的是塑造出有着远大梦想、良好品德、丰富学识和严明纪律的社会主义新一代人才。高质量的思想政治教育，可以确保大学生打好坚实的基本素养基础，这也是至关重要的一步。

2. 提高专业素质

专业能力是在学生步入职场之后能够有效应对各种岗位专业技能要求的基本素养。为了能成功履行职责并守好自己的岗位，学生需要具备高度的责任心、敬业的精神及适应环境变迁的心态，也要保持对知识的学习热情。当他们参与到产业教育结合的时候，这种品质会面临实践中的检验或质疑。只有把思想政治理念融入整个教学流程之中，实时了解学生的思维动向，以便采取针对性的思想引导策略以解决问题，这才是关键所在。当前中国正处于经济发展的高质量发展时期，科技日新月异，且新兴的工作模式和生活习惯也接踵而至。通过让理论联系实际的方式来强调持续求知的重要性，不论处在任何时间、地点，都应视为重要的课题。这对提升个人专业水平具有深远影响。

3. 激发创新素质

创新是个人和社会前进的驱动力，也是民族进步的精髓，更是国家繁荣昌盛的源泉，这在人类历史发展中被反复证明为客观事实。实际上，思想政治教育具有预见性，它根据一定标准，以一种超越现实的道德理想引导人们的行为，塑造人们的品质。大学生在学习思想政治教育时，不仅要掌握基本理论知识，而且要学会如何跨越理论，解决思想政治教育与现实中的问题，展开创新思考。这个过程是一种创造性的探索，激励大学生思考未来，推动他们创新思维的发展。任何理论都需要特定的载体，企业实践正是一种新的载体。大学生通过将思想政治教育理论与企业实践相结合，将创新思考应用于实践中，引导自己不断追求创新，从而促进实践技术的创新。

二、传统模式下不利于教育革新的普遍性问题

（一）对产教融合模式下的思想政治教育内涵认识不深

部分高职院校对于产教融合的概念认识不足，仅将其视为专业的深层次结合，而忽略了其与思想政治教育之间的紧密结合，并未明确产教融合背景下的思想政治教育革新及优化发展的策略，也未设定出明晰的教育改革目标和规划，更未能建立一套具有独特性的思想政治教育框架。此外，现行的思想政治教育体制在产教融合环境中显得观念陈旧且内容落后，无法满足培养人才的需求。

（二）思想政治理论课改革力度不够

尽管在产教融合的环境中对专业的教育方式进行了变革，但是关于思想政治教育的改革却并未达到同样的程度。不论是更新教学主题和方式还是利用新的工具来实施教学，抑或在学校和企业之间协商确定教学材料，甚至包括整合职业伦理和职业素质等方面其改良措施都未达标。这不仅没有满足产教融合联合培养人才的需求，而且未能完全符合学校的“双主导”教育理念。

（三）教育内容与学生的个性化需求匹配度不高

相较于高职学生对思想政治教育的需求日益个性化，现行的高职思想政治教育内容供应不足，与学生的个性化需求匹配程度不够。

首先，思想政治教育对大学生的个性化需求识别不够精准。要实现有效的思想政治教育，必须深入理解并适应大学生的思维模式与接纳特性。

根据实践经验，现有的传统思想政治教育仅能满足他们的基本需要，无法迅速满足他们的个别需求，缺少针对性强的思想政治引导，使得学生对这类课程的热情不高，从而削弱了其教育的成效。

其次，思想政治教育内容的供给形式较为单一，难以激起学生的学习欲望。许多高职院校仍然沿用传统的教学方式，教师按照既定的计划讲解知识且缺乏互动式教学，使学生感到枯燥乏味。

最后，目前的思想政治教育并未关注到一些特定学生的需求差异。在真实的校园环境里，来自离异家庭、经济困难或地处偏远的学生容易出现情绪波动，然而学校并没有为这些学生量身定制相应的思想政治教育材料，因此，产生的教育效果并不理想。

（四）学生在面对产教融合的过程中存在困惑

面对产教融合，学生的思想困惑基本上可以分为两种：

一是认识偏差类。例如：“为什么要进行产教融合？”“产教融合学什么？”“产教融合怎么学？”如果对这些问题的理解不够深入和完整，可能陷入认知误区，进而引起心理困扰。如抱怨“实习岗位不对口”，觉得自己是低价劳动力现象的受害者，时间和精力都白费了。诸如此类的反应都是缺乏针对性的思维指导所导致的。

二是行为偏差类。这是指大学生无法融入企业文化和管理规定中去，也难以承受工作的压力和其他挑战带来的影响，从而在内心产生疑虑。具体表现在人与人之间的交往能力不足、对艰苦的工作感到畏惧和害怕、工作迟到、旷工等。深层次的原因在于他们未能成功地完成身份转变，即没有把自身看成一个工作者，而仅是一名大学生，心态未调整到位。

造成以上问题的原因主要包括以下几方面：

1. 教育安排缺乏系统性

对于许多高职院校而言，推动学生与产教融合的教育过程，仅仅是通过阶段式的宣传活动或者发现问题时采取临时解决方法，这种方式并未形成完整的体系。然而，因为多数学生都是在校园中度过他们的学习生涯，没有足够的实际工作经验和社会经历，所以他们在理解社会的职业环境方面可能存在不足，并且面对社会挑战的心态也未做好充足的准备，导致吃不了苦和态度消极等诸多问题产生。

2. 管理制度缺乏可操作性

尽管多数高职院校都有产教融合学生管理体系，但是其执行情况却因产教融合的多元化而受到限制，特别是在如何充分发挥企业导师作用方面存在问题。此外，当大学生的产教融合实践涉及不同的企业时，他们可能会被分配至全国各地，并且学校的导师数量往往无法满足他们的需求，使得大多数情况下，学校导师与学生主要依赖于通信工具来交流，对学生的引导效果也就无从保障了。

3. 教育内容缺乏全面性

对于大多数高职学院来说，他们仅仅关注了产教融合的重要性和注重提高专业能力和水平，而忽略了其在实践中的重要角色。对产教融合实践的作用往往太过乐观，过分重视专业技能的发展，没有充分认识到失败的教育也是不可或缺的一部分。这导致学生误以为产教融合就是专业能力的增强，当他们在实际工作中遇到困难时，会产生失望和不满的情绪，这也干扰了实践和思想政治教育的正常运作。

三、产教融合实施思想政治教育过程中出现的矛盾

(一)课程教学中产教融合增加思想政治教育的新难度

1. 产教融合的深度实施增加思想政治教育课程的开展难度

伴随着产教融合的深度实施，高校的人才培育方法与讲授策略都经历了巨大的转变。对于专科学校而言，学生的课堂活动时间和实际工作经验都在不断增长，因为他们身处社会的广泛领域内，对各种更为繁复的社会联系有了更多的了解，所以需要扩大他们道德观念的教育范畴，使产教融合涵盖的企业顾问、产业领导者及专业教师等多元化的角色加入进来作为主要的责任人。同时，他们面对的困难和挑战也变得更加多样且错综复杂，不仅包括他们在学业上所遭遇的一些挑战，而且包括他们在生活上遇到的困难，如情绪困扰或就业压力等，这就使得德育工作的开展必须具有创意性和有效度。自实行校企联合后，实习的内容逐渐丰富起来并占据了

一部分原本属于理论课的学习时段，这就要求保证企业业务需求的同时，兼顾好专业的网络在线学习的进度安排。如果再单开一门独立于其他学科之外的思想政治教育课程，很容易引起反感，进而影响整体的效果。思想政治教育课程空间覆盖面不再局限在学校内部，而是向着更大的外延发展。由此可见，如何平衡这些因素以提升教育教学质量成为当前亟待解决难题的关键所在。

2. 人才培养模式的改变增加了思想政治教育课程内容、形式设计的难度

目前，职业学校的运营方式正朝着产教融合方向转变，有助于提升学生的创造能力和创新精神。为了应对人才供应与市场需求之间的矛盾，职业学校需要确保专业的人才培训计划和课程结构能有效地对接企业需求。这意味着，思想政治课的内容设计应紧扣专业特点并深入研究其历史背景。所以，在挑选教学内容及发掘思想政治要素时，需要根据不同的专业和行业做出个性化的决策。同时，不同专业产教融合的形式也不同。随着专业的变化，思想政治课程的实施方式也需要进行相应的调整，这将提高思想政治课程内容和形式设计的复杂度。

3. 教育主体多元化增加了思想政治教师队伍建设的难度

思想政治教育课程的实施需要政治敏锐、专业突出、素质优良的专业教师和兼职教师共同努力。产教融合通过“人才共育、基地共建、人员互聘、信息共享、协作服务、文化交融”的手段，以实现校企共赢为目标，助力人才链和产业链完美衔接。企业作为产教融合的教学点，行业专家和企业导师作为育人主体直接参与到学生的思想政治教育中，而行业专家和企业导师本身的政治素养参差不齐，对学生的意识形态和价值观有隐性影响，同时这些行业专家和企业导师在思想政治课程方面也缺乏经验。专业教师一味重视学生专业技能培养，忽视了对学生价值观的引导。在专业课教学中融入思想政治教育元素给专业教师也带来了挑战。在产教融合背景下，学生、专业教师、企业导师、辅导员、思想政治教师分散在不同岗位，缺乏一个完善的沟通协调机制。因此，思想政治教育主体多元化增加了思想政治教师队伍建设的难度。

（二）高职院校和企业在育人过程中的教育导向偏差

1. 高职院校方面存在的教育导向偏差

（1）教育思维片面固化

当前高职院校更加注重科研技术的培育及其专业的技巧培训，设立多种专门科目以便实施相关专业技能的教育工作，邀请行业内权威人士举办专题演讲，并且通过考试的形式检测学生的学识水平。对专长领域的掌握作为一种重要的力量，可以推进个人的自我完善、经济社会发展乃至整个文明的发展。在寻找工作的过程中，学习成绩是关键因素之一，它通常能够反映一个人在专长领域的能力大小，进而直接或间接地左右未来前景。这一模式使得高职院校过分关注本行的研习，忽视文化的修养和人格品质塑造的重要性，同时削减掉思想政治课对其专业课的辅助效果，导致思想品德未能随学业成就一同增长，过于偏向单一方向寻求最佳结果。

（2）轻视产教融合成效

高职院校的教育使命在于培育人才，这是办学之本。高职院校为我国的改革开放和社会主义现代化建设输送了一批又一批的专业技术人员，有力地展示了它们在人才培训、科研探索、社区服务和文化遗产保护方面的多功能角色。然而，对于思想政治课程而言，它并非纯粹的理论授课，也不具备一贯的形式，而是一门需要根据经济的发展和社会的变化持续创新的课程。目前，我国正在推进经济体制深化改革，对于高级技能型劳动力的需求也在逐渐增大。因此，建立实践型的育人体系已成为时代的呼唤，这是教育教学的基本法则，同时也是大学生自我发展和提升的需求。但是，很多高职院校都过于注重理论的学习，忽视了实践的重要性。有些人甚至把实践训练看作对理论学习的辅助手段，为了应对学校的考核，部分学校常常采用“参观红色纪念基地”“开实习证明”的方式来开展实践活动。再加上校企联合育人的思想政治教育的效果并不理想，很多人开始质疑产教融合如何能推动思想政治教育进步。他们担心产教融合会导致更多的资金支出，带来更多的不便和难题，却无法显著提高思想政治教育的质量。他们觉得在产教融合的环境里，学生到工厂去实地学习会有很大的风险，因为这些学生的生命安全很难得到保障，而且学到的知识也很少，品德修养没有得到提升，投资回报率不高。

2. 企业方面存在的教育导向偏差

（1）过多着眼于企业自身利益

企业是以资产为基础获取利润的经济主体，是产品制造和销售的主导方、主要的市场经济行为体、科技发展的关键推动力和社会资源的重要创收源泉。从企业的基本属性来看，企业主要是以营利为目的的经营型组织。在产教融合过程中，企业的核心价值观包括招聘合适的雇员、提供必要的技术支持和员工培训等。然而，产教融合是一项耗费大且回报缓慢的项目。初期阶段需要大量的筹备工作，涉及巨额资金的使用，需要平衡学校和企业之间的利益关系，并且要规划妥善的教育课程设置。尽管学生在校期间已经掌握了最新的最先进的理论知识技能，但是由于缺乏实践经历，他们的实践水平无法立即适应企业的具体生产任务，对企业技术的革新贡献相对较小。此外，企业还必须对学生进行入职前的训练，由富有经验的职工带领他们。不过，即使学生度过了在企业的实习期，也不一定会在该企业继续工作。因此，企业并未通过产教融合实现人力资源的积累，也未能看到明显的效益，即在短期的有效投入与有效产出之间很难找到明显的正向反馈。这种现象严重违背了企业追逐利润的核心原则，导致它们在产教融合过程中的积极性和热情不高，表现欠佳，更多关注的是自身的利益，使得产教融合成为职业学院单方面的努力。

（2）忽视实训中综合素质培养

在产教融合中，学校和企业作为教育的双主体，均为培育人才的关键角色。然而，各自的社会体系不同且目标各异，实现协同工作的难度较大。企业以利润为核心驱动力，使得其行动具有强烈的目的导向特征。很多情况下，企业仅仅是为了寻找低成本的人才而加入这个领域，并未真正落实于学生的成长发展上。学生往往会被分配至简单的无技能性的岗位，导致他们在实践过程中无法得到专业的训练。有些企业甚至不提供富有工作经验的实习指导人员，完全依赖大学生自我探索来解决疑问并完成任务。此外，大学生的职场经历可能会引发其与同事间的潜在竞争关系，从而影响雇主对于职业培训效果和社会责任感的关注度。同时，当面临现实的工作挑战和生活负担的时候，焦虑感或对自己能力的质疑等问题会困扰学生群体，学校需要采取有效的措施来缓解这种情绪波动并对之加以疏导，使其维持健康的精神状态。

（三）高职院校与企业未形成通力合作的教学团队

教学团队的构建是提升教学效果和学生全面能力的核心环节。在产教融合的过程中，高职院校不仅需要关注教育计划的进展，而且应该重视教育团队的打造。

1. 双方忽略优势互补

在产教融合的过程中，高职院校与企业都发挥出自身的优势。高职院校的目标非常清晰，即培养人才，而他们所安排的活动和任务也都是围绕这个核心来实施的。完备的管理结构、严谨的规定、员工各尽其责，保证了高职院校教学活动的正常运作。企业处于社会的生产第一线，拥有齐全的工作设施。企业的运营方式有助于大学生迅速转变为工作人士，这是一种有效推动他们的道德、智慧、身体、审美、劳动等全方位发展的手段。

2. 双方缺少紧密协作

高职院校和企业是教育的两个重要参与者，应该密切配合，共同推动产学研一体化的进步。但是，实际情况并非如此，两方往往独立运作，互不干涉，缺乏协同精神，具体表现为：首先，两者都存在着对目标人群需求把握不足的问题。高校无论是在技术领域还是在思想政治教育上，均侧重理论授课，学生获得了大量的理论知识。然而，高校并未重视学生的实操能力和应对各种复杂问题的心理素质的培养，这种做法实际上加重了企业的压力，也影响了思想政治教育融入产教一体化全过程的效果。其次，两者的交流渠道并不顺畅。有效的信息传递需要人与人之间的互动，即一个人借助言语等手段，用符号来表达含义的过程。在产教融合初期阶段，高职院校未能向企业提供关于大学生的技术和思维具体状况的信息；在产教融合的过程中，企业也没有把大学生在实践中的思想动态的变化反馈给高校。即使在实习结束之后，高职院校和企业也不能有效地进行回顾和反思。

（四）高职院校与企业的管理机构缺少联合互动

1. 高职院校与企业有各自的管理机构

在实施产教融合的过程中，高职院校的思想政治理论教育至关重要。基础理论的学习对进一步提升实践能力具有决定性的影响。道德品质是一个人成功的根本，也是其成功的基础；既是一切行为的前提条件，又是核心要素与精神支柱。在推进产教融合的进程中，学校需要合理规划教育教学任务，确保理论学习、实践及思想政治教育的有效结合。然而，实际情况常常出现这样的问题：许多学校会单独制订详尽的课程计划，却忽视了思想政治方面的指导。首先，高职院校主管产教融合管理的部门更加擅长处理校内的相关事务。由于在学校中有较大的影响力，他们能够更好地执行各项任务。其次，当学生进入企业实习的时候，他们可能会遇到多方的利益冲突，而学校管理部门受限于多种因素，无法充分发挥自身的灵活性和主动性。最后，企业管理部门在学生的教育工作中缺乏足够的发言权。虽然企业作为教学活动的另一参与者，但是学生普遍认为只有实践经验才有价值，对于企业的思想政治教育并不认同。这种情况下，企业的管理部门在思想政治教育领域的影响力相对较弱。

2. 管理机构间缺乏深度精准合作

高职院校和企业处于两个截然不同且独立的社会结构之中，其管理模式也大相径庭。实际情况往往是，学校和企业分别负责自身部门的管理事务，至于怎样平衡二者间的资源分配以发挥他们的长处，进一步提高效率，相关的管理组织并未深思熟虑过，协同管理面临诸多挑战。教师主要专注于教育领域，可能既担任教授职务，也有行政职责，但是这些角色均与企业无关；同样，企业的管理层擅长处理商业运营问题，却对联合培养大学生的任务感到困惑。

学校和企业间的信息传递存在瓶颈。信息交换是确保合作顺利实施的关键环节，只有充分理解对方的观点，才有可能成功执行教学目标。然而，由于学校的公益属性及企业盈利导向的冲突，产学研一体化教育的推行自始至终充满艰辛。

四、新时代背景下思想政治教育面临的新情况

（一）教学场景丰富

以往，思想政治教育主要依赖于学校课堂，其学习环境相对单调且气氛严谨，这可能导致学生的参与度降低。新的教育模式使得思想政治教育的领域得以扩大至各个行业、各个企业或特定训练中心等地方，从而使学习环境更具包容性和多元性，营造出更为宽松、活跃的氛围。这种新颖的教育方式不仅可以促进“全方位育人”的多层次发展，而且可以形成一种由学校、政府、企业和社会共同培育人才的协作体系，并且利用互联网时代的科技特性打造线上线下多种教学环境。

（二）教育主体多元

在整个教育与职业环境中，道德伦理课程的主导者已经发生了多元的变化，包括更庞大的教师队伍。这种变革既有利也有弊，因为它突破了传统的仅由学校承担此项任务并仅限于校园的环境限制，使得道德伦理课程面向更为广阔的社会领域，如企业或行业。同时随着数字化技术的进步，学习资料变得更加多样化，学生接触到更加多元且丰富的价值观念。然而，一些追求利润最大化的企业可能过于注重物质利益，忽略了精神层面的思考，这就与道德伦理理念产生了矛盾，给教学带来了更大的困难。为了解决这个问题，国家需要提高社会各界对于道德伦理课重要性的理解，以便更好地培养出符合我国社会主义核心价值观且掌握现代化技能的人才。

（三）课堂形式多样

丰富的教学情境与多元的教育参与者对于思想政治教育的授课模式提出了新的需求，传统的校园讲授已不能适应当前产学研一体化的环境。其一，课程内容可以通过引入大量的企业实例，打破传统枯燥且纯粹理论的教育方法，提升学习的吸引力、实用性和实践性，从而持续激励广大师生投入更高的热情并付诸行动，实现良好的成效。其二，授课方式也包括参观企业的现场学习和训练，有助于提高学生的理论应用能力。其三，教师角色转变为引导者而非单纯的教育传授方，同时也能培养出一支优秀的演

讲队伍，用年轻的方式组织活动，使学生感到更加亲近。其四，利用数字技术，如微电影、短片等流行媒体，提供更为身临其境的学习体验。

（四）任务目标务实

在新形势下的产教融合环境中，思想政治教育的核心使命在于培养实用型、职业型和技能型人才。这也就意味着高职院校的思想政治教育应具有实践性、务实性的特性。在开展教学时，高职院校需要根据行业的岗位需求和学生的能力水平、教师的教学目的，具体规划教学内容，更加强调实施的过程，使其具有明确的可行性，并且把思想政治元素融入整个产业链的发展过程中，推动人才数量的增长和企业的进步相互交融，确保教学目标紧扣党的重大战略方针，设定符合当下社会变革和现代化企业改革的需求，同时也要贴近学生的日常生活、学习状况、思维方式和求职情况等现实问题。

（五）信息茧房影响

网络信息科技的进步使得获取资讯的方式越来越多元化，同时也带来了大量的信息。这为大学生提供了更广阔的视野和更强烈的自我意识。然而，他们判断问题的能力还有待加强，需要正确引导。网络技术的发展放大了信息茧房的效应，使得很多高职院校大学生接触到的信息趋向单一化，从而影响其判断力。

处在成长关键阶段的高职院校大学生很容易受到外来负面资讯的影响。特别是在互联网的世界里，每一次选择都可能产生记录，这些数据会被整合为个人的偏好并给他们推荐相关的信息，进而让他们深陷由这类定向推介所构建的信息泡沫中。在这种情况下，高职院校大学生仍以为他们在主动挑选信息，却难以察觉到其实已处于被动位置。时间久了，他们可能会适应那些被推荐的信息，从而丧失独立辨别信息的能力。这样的信息接收方式使得高职院校大学生对学习和工作中遇到问题的理解较为狭隘，并且会使他们易受错误价值观念的影响，从而影响思想政治教育的效果。

在产教融合的大环境中，面对所有的挑战，高职院校思想政治教育必须加快改革进程，融入产教深度融合的行列中，开展具备针对性的人才培养工作。

第四章　基于产教融合的高职教育类专业课程思想政治教育研究

第一节　产教融合视域下高职教育类专业人才培养探究

一、高职教育类专业人才培养的重要性

（一）高等职业教育可以为区域经济发展提供服务

当前的经济发展情况和现代社会进步的速度紧密相连，这种关系同样体现在经济发展对职业教育的推动上。作为经济发展的一部分，高等职业教育对地区经济增长有着重要的贡献，同时社会经济环境的变化也会对高等职业教育的发展产生影响。

（二）培养出满足行业企业发展需求的人才更需要高等职业教育

改革开放以来，高职教育的发展形态已经由浅层次的规范化转变至深层次的发展，且高职教育正持续提升其适应当前社会经济发展状况的服务水平。随着我国经济步入新一轮增长周期，产业结构正在逐步优化和调适，各行各业对员工的需求标准也日益提高，而具备多种技术的综合性专业人员则愈发受到各个行业的欢迎。高职教育专注于打造既有一技之长又兼具相关领域知识和技能的多功能技术人才，这种人才能够创新性地处理现实工作中遇到的复杂问题。因此，要满足产业发展所需的人力资源必须依赖于高职教育。

二、产教融合与高职教育类专业人才培养的关系

产教融合与高职教育类专业人才培养的协调发展是一个不断探索与创新的过程。无论是从高职院校发展的背景还是从提升高等职业技术专业人才的教育品质出发，都必须坚持产教融合的原则，将职业技能需求作为基础，始终把提高人才培育水平放在首位。在开展高等职业技术专业人才培训的过程中，要进一步推动产教深度融合，优化高等职业技术专业人才培训及课程设置，从而形成教育和产业发展相互促进的关系。

（一）产教融合是高职专业人才培养与课程建设的立足之本

与市场经济连接最紧密的教育形式就是职业教育，为了使其培育出的人员能适应并满足各行各业的需求，设定和及时调整高等职业教育的专门化培训内容变得至关重要。随着各个产业的持续转型和发展，企业对员工技能要求的标准也在不断调整。加强产学合作，让高职院校能够根据各行业和企业的成长需要去塑造他们的毕业生，这是制订高等职业专长人员训练计划和教学内容的根本依据。

首先，通过产教融合的方式，把行业企业最新的技术、工艺、规范、企业文化等及时地整合到专业人才培养的内容中，确保工学结合得以实行。

其次，高职院校与行业企业的资源优势互补。例如，企业需要高职院校的课程和教师来培养他们所需的人才，而为了培养出满足企业需求的人才，企业必须向高职院校提供先进的技术、知识、设备和资金等，这样就能达到高职院校与行业和企业共同培养所需人才的目标。

最后，在深化产教融合的过程中，需要建设一批高水平职业教育实习、实训基地，从而保障高职专业人才培养方案的顺利实施。依据行业的进步与企业的成长来设置高等职业教育的课程，这是高等职业教育变革的关键部分，也是推进产教融合的目标所在。通过对高等职业教学方式进行调整，可以提升教学效果，进而为国家的产业带来更多的人才支持。

（二）高职专业人才培养是产教融合利益诉求得以实现的关键

目前推动产教融合的关键是满足高职院校和行业的联合需求，即培育当下急需的综合技能人才。要达成这一目标，企业要在高职院校的人才培训体

系中发挥作用。在这个整合进程中，高职院校的专业人才培养应根据行业和企业现实工作岗位需求来设定课程内容，并且把企业真实的生产流程纳入课堂教学活动中，让专业的讲师团队与来自企业的专家一起完成这个计划。如果高职院校的专业人才培养计划能够成功实行，那么它就能达成高职院校和行业、企业共享的目标。然而，社会的分化使得高职院校和行业、企业的利益追求存在着一定的差距。企业不仅追求社会效益，而且追求经济利益，而高职专业人才培养的顺利实施可以实现这些追求。通过产教融合的方式，高职院校的专业人才培育能够成功地满足行业的实际需要和企业的人才要求，使得毕业生能直接适应工作环境并无缝衔接岗位职责。这有助于推动产业结构优化调整，增强企业的研发实力，最终加速社会经济的发展。

三、基于产教融合的高职教育类专业人才培养与课程建设的努力方向

（一）建设有利于专业人才培养与课程改革的运行机制

在推动产教融合的前提下，高职院校与行业、企业应建立相应的运行机制，并且建立一个长期有效的组织来监督产教融合中的各个利益方。国外职业教育能够持续稳定发展的关键在于有一个较为完善的组织机构来保障各主体之间的利益平衡。在推进基于产教融合的高等职业教育类专业人才培养与课程改革时，需要协调高职院校与行业、企业之间的关系。因此，借鉴国外先进经验，建立基于产教融合的高职专业人才培养与课程改革的运行机制是非常必要的。

产教融合的高职专业人才培养与课程改革的运行机制是指参与产教融合的高职专业人才培养与课程开发的多元利益相关者通过产教融合平台构建的、实现多方对基于产教融合的高职专业人才培养与课程改革协同管理的一种高效运行的管理机制。这种机制被视为促进学校与企业合作建立专业的技能培训体系的重要手段之一，同时也为持续改进教育效果提供了必要的支持和服务连接点。在这个专门领域里，需要关注如何让学校教师更好地理解企业的需求、更好地收集来自行业的反馈信息，从而提供更符合

市场实际需要的服务内容。

（二）构建包含共性和个性的高职专业人才培养和课程体系

高职院校的教育应融合一般性的学位培训和特定的实际职位所需特质以达到最佳效果，确保学校培育的学生能满足各行各业的用人标准。《国家职业教育改革实施方案》中也明确提出“深化复合型技术技能人才培养模式改革……启动1+X证书制度试点工作……鼓励职业院校学生在获得学历证书的同时，积极取得多类职业技能等级证书，拓展就业创业本领，缓解结构性就业矛盾”。我国的高等职业教育旨在向社会提供多元化的实用型科技人才，这意味着大学生必须掌握必要的操作技术，且有执行相关业务规划的能力。因此，需要转变传统的“基础课—专业课—高级别专业课”的单线程训练方法，采取一种混合式的或多个阶段的方法去教授学科内容，以便于推行1+X证书制度的实施，使得高职院校能够成功塑造出符合产业和社会发展需求的复合型技能人才。

（三）开发与时俱进的专业人才培养与课程内容

职业教育和市场经济有着紧密的关联，职业教育的目标在于培育满足各行各业发展需求的技能型人才。这表明，它是一种跨越特定行业和职业院校，面向多种企业和市场需求的教育形式，教育内容同时涵盖了职场活动和学识提升。因此，单靠高校的力量难以提供令公众满意的职业教育。根据《国家职业教育改革实施方案》所述，高职院校应提倡实行“双元”教育方法，即模仿德国的“双元制”体系，把最新的技术、工艺和标准整合进教学大纲内。高等职业技术专业的大学生需要掌握行业领先的技术，这些技术正是维持企业竞争力的重要因素。科技进步迅速推动着各个领域的创新，同时也提高了职业岗位的能力需求。通过将是否符合行业和企业的先进技术水平需求转化为判断职业能力强弱的具体指标，并将其融合于高等职业技术的专业培训和课程设置中，可以进一步提升该类教育的品质和效果。

（四）构建多元化的高职专业人才培养和课程评估系统

人才培养和课程评估系统可以为培养专业人才和改革课程提供有益的信息，向决策者、实施者及相关人员提供服务，以实现教育目标，适应社会需求，满足学生身心发展需求。评估系统是高职院校培养人才的关键环节，也是专业人才培养和课程建设的重要组成部分之一。首先，评估系统可以诊断出高职院校在培养人才的过程中存在的问题，并据此进行及时改进或补救。其次，评估系统可以具体评价学生掌握专业知识的情况，为企业选拔人才提供依据。最后，评估系统对于有效地达到专业人才培养和课程建设的目标提供了指导。《国家职业教育改革实施方案》明确规定要建立健全以学习者的技术技能水平、职业道德与就业质量，以及产教融合、校企合作水平为核心，政府、行业、企业、职业院校等共同参与的职业教育质量评价机制。

因为高等职业教育专业人才培训和教学改良涉及多个部门的专业人才培训及教学建构，所以在对高职技术专业人才培训和教学评估的改进过程中，需要解决传统的评估主导者唯一的局限、单一的评判标准，以及一成不变的评判模式等问题。以产教融合为基础的高职专业技术人员培训和教学评估系统应当建立起多种形式主导者参与的模式，将学生、教师、企业及教学专家等都纳入评估系统。各种类型的评分准则也应该被采用，如职业品质、企业的要素、学生的培育等。职业品质主要由职业知识、职业伦理、职业观念构成，这些都涵盖在职业修养中；企业的要素则由行业的最新科技、生产流程、规定、企业文化和工作职位所需能力组成；关于学生的培育，其内容包括专业理论、实践技巧、毕业后的就业状况等。此外，还需要采取多种类型的方法来实施评估，如把进程性评估和结果性评估搭配使用、把定量评估和定性评估搭配应用，并且把学校的内部分析和外部分析联合运用。

（五）多举措打造结构化专业教师团队

对于高职专业人才培养与课程改革的顺利实施而言，教师在其中发挥着重要作用。基于产教融合的高职专业课程改革靠单一教师的努力是无法完成的，因此，需要建立一个专业化的教学团队。团队成员既要具备丰富的工作实践经验，又要精通所学专业的科学文化知识，同时还需要具备勤于钻研、敢于实践的教科研能力和良好的合作意识。此外，职业院校教师每年至少在企业或实训基地进行一个月实训。组建高水平、结构化的教师教学团队，建立健全职业院校兼职教师的聘任办法，推动企业工程技术人员、高技能人才与职业院校专业教师的双向流动。在大力推动产教融合的时代背景下，高职专业人才培养与课程改革要求高职院校与行业、企业实现校企跨界融合，整合校企资源，建立师资互聘制度。师资互聘制度指的是高职院校的专业教师到相关行业、企业进行实践，同时聘请行业、企业技术人员到高职院校进行专业人才培养与课程教授，以优化高职院校专业师资结构，确保基于产教融合的高职专业课程改革能够顺利实施。在推动高等职业教育专业人才培育和课程构建的过程中，打造体系化的人才培训团队尤为重要。该团队承担着专业人才培育及课程研发的责任，并将这些工作执行落实。这个团队的质量对课程目标的实现至关重要。实行教师交流机制，将企业的专家与高等职业教育的教师相结合，组成一支强大的师资队伍，确保以产业和教育结合为基础的高等职业教育课程改革能够顺利推行。

四、基于产教融合的高职教育类专业人才培养与课程建设的原则

（一）个性化原则

个性化原则要求在设计高职院校的教育体系时，要充分考虑到学生的个人发展需求。在智能时代来临之际，应该利用产业和教育的结合来构建专业的教学内容及框架系统。这意味着高职院校要建立一种多元且具有弹性的学习路径模式，以便让每个个体都能够按照自己的兴趣爱好，自主选择他们所需要的知识领域，从而实现他们的自我成长目标。

（二）行业企业发展需求原则

在构建职业教育的人才培育和教学体系的过程中，需要密切关注人才市场的需求变动及相关课程的发展情况。“动态发展”的关键在于确保专业人才培训和课程设计能够适应行业的持续变革，并能满足企业不同岗位的要求。为此，要基于产业发展状况的变化、市场的专业人才需求、地方经济发展的走势来制定专业的课程架构，同时也要考虑国家的整体规划。只有如此，才能保证专业人才的培养和课程设计的调整符合行业、企业的实时需求。

（三）凸显人才培养与课程的实用性原则

高职院校被视为培育各行各业所需的技术型人才的重要基地，其核心的教育目的在于确保学校毕业生能完美匹配行业的就业条件。为了达到

培育满足行业需求的人才这一目的，高职院校必须按照行业和企业的规范设定专业人才培养计划和课程内容，并且强调这些课程的实践性和应用价值，以便使毕业生能够满足行业和企业的用人需求。在制订专业人才培养课程计划和内容的时候，把行业和企业的资质认证转换成专业人才培养的目标是首先要完成的工作。随着科学技术的迅猛进步和智能化时代的到来，产业的持续更新换代使行业和企业对人才的需求也发生着巨大的变化。因此，基于这个背景，要用结果导向的方式思考问题，从行业和企业的资质认证出发，找寻其中对人才关键能力和素质的要求。然后以此为基础建立起专业人才培养方案和课程体系，保证课程内容具有实用的特性，同时也能让培养出来的学生具备应对未来职场发展的能力。

（四）彰显终身学习原则

随着科技创新，产业转型也在加速，行业的生产工艺和组织形式产生重大变革。新兴知识、技术和标准正在被引入各行各业中，因此也意味着对专业技术人员职业素质的要求在逐步提高。然而，现阶段的高职院校学生在学校学到的知识和技巧往往无法满足当下产业发展的需求。因此，毕业生要想跟上社会进步的脚步就必须具备自我更新的能力和终身学习的观念。在这个信息爆炸的时代，能否提升就业流动性和为社区服务的潜力取决于个人能否及时地更新其掌握的知识和技能。这是确保经济发展在新常态下保持其稳定健康的关键因素。

第二节　思想政治教育融入高职教育类专业课程的意义与难点

一、高职教育类专业大学生应当具备的思想政治素质

（一）政治素养

1. 核心价值观认同

核心价值观认同是核心价值体系的内核和政治信仰的最终追求。一个

社会的核心价值观是对社会应当追求的价值的集中表达，是时代精神的核心体现，也是整个社会的共同价值理想。价值观，或者叫核心价值观，是社会对价值追求进行理性思考的结果，代表着一个社会的发展方向。当一个社会发展到一定阶段，人们通常会对社会的价值追求进行深入思考，因为这涉及社会的发展方向以及正当性或者公正性的问题。社会主义核心价值观是社会主义国家在发展过程中对社会主义历史发展方向和价值追求的核心表达。富强、民主、文明、和谐；自由、平等、公正、法治；爱国、敬业、诚信、友善，这些是我国的价值追求。社会主义核心价值观是社会主义核心价值体系的内核和最高抽象，社会主义核心价值体系是社会主义核心价值观的基础和前提，社会主义核心价值体系包括马克思主义指导思想、中国特色社会主义共同理想、以爱国主义为核心的民族精神和以改革创新为核心的时代精神、社会主义荣辱观，它强调坚持指导思想、确立理想和践行社会主义核心价值观。高职教育类专业的大学生必须认同社会主义核心价值观。

2. 指导思想认同

对于社会主义核心价值观在政治领域的表现形式——指导思想的认可，其关键在于对该思想的理解和接受。构建、运行及稳固社会体系必不可少的是指导思想，这是社会的精神支柱。

首先，高职教育类专业的大学生应接受和尊重马克思主义是中国特色社会主义的思想基础这一事实。这是由马克思主义引导下社会主义社会的优越性所决定的。第一，要理解马克思主义的科学性和卓越性。马克思主义是科学且伟大的哲学，它阐述了人类社会的发展规律，指引人类社会未来前进的路径，提供了解决问题的方法论基础。这是一种能推动无产阶级及广大的劳动者群体自我解放的重要思想工具。第二，要明白马克思主义成为我们立党立国的根本指导思想的原因。这些原因是马克思主义严谨的科学结构、明确的阶级立场和强大的实践能力，同时也是近代中国的历史进程使然、近代中国人民长达数百年的探寻历程使然。第三，要意识到马克思主义的旺盛活力及其适应时代的特性。马克思主义是一个永葆活力的学说，它之所以长久存在，是因为它始终保持着更新迭代的能力。马克思主义是一套关于认识世界和改造世界的科学理论，它的旺盛活力以及适应时代的特性使其可以在新时代继续指引社会主义的发展。

其次，高职教育类专业的大学生要认可马克思主义在中国化历程中产生的理论成就。这些理论成就是马克思主义同中国革命及建设的实际情况相融合产生的。无论是什么专业、什么年龄的高职学生，都应该深入了解马克思主义的基本理论知识，以便建立起正确的世界观和思考方式，这将会成为他们未来生活道路的坚实基石。除此以外，还要坚持使用马克思主义来指导之后的工作和生活。

3. 政治制度认同

首先，高职教育类专业的大学生要认同现实的国家制度。我国实行的是社会主义制度，这是一种最适合社会进步的发展模式。我国实行人民代表大会制度，这是我国社会主义民主政治的集中体现，体现了人民主权，同时也是社会主义政治文化的关键组成部分，是最根本的政治制度。此外，中国共产党领导的多党合作和政治协商制度也是我国的一项基本政治制度，也展现出我国政治系统的优越性。我国社会主义经济制度的基础是生产资料的社会主义公有制，即全民所有制和劳动群众集体所有制。社会主义公有制消灭人剥削人的制度，实行各尽所能、按劳分配原则。在社会主义初级阶段，要坚定地维护公有制为主体、多种所有制经济共同发展的基本经济制度。对国家制度的认同，是对人民成为国家主人的确认，这是政治认同的核心所在。

其次，高职教育类专业的大学生要认同教育是为社会进步、为国家发展服务的。教育的目标是使学生成为德智体美劳全面发展的社会主义建设者和接班人，而教育的职能是通过培养人才来服务国家的，因此，通过教育培养出的人才更需要认同国家制度。“培养什么人、怎样培养人、为谁培养人”是教育的核心问题。要在教育教学的全过程中贯彻思想政治工作，实现全过程、全方位对人才的培养。对于高职教育类专业的大学生而言，形成政治制度认同在他们的高校生涯中至关重要。学生在高校生活，少则三到四年，多则九到十年，正处在他们人生成长的关键时期。在此期间，他们的知识框架尚未完全搭建好，价值观尚未形成，情感心理尚未成熟，需要加以正确的引导。高校毕业生进入社会后，他们的思想和言行通常会影响同龄人。高校思想政治工作表面上是指对学生的思想政治教育，但实际上会影响一代青年的思想观念、价值取向和精神风貌。因此，高校必须引导学生树立理想信念，掌握丰富的知识，培养高尚的品格，为他们的成长奠定良好基础。①

人的品行决定其能否立足于社会，这也是学习与工作成功的基础。人若缺乏远大的目标和优秀的道德修养，即使拥有丰富的知识储备，也不能被视为杰出的人才。教育的主要目的在于为国家和人民提供支持，这是政治体系对其功能认知的核心依据。

（二）道德素养

1. 自觉意识

道德是一种规范性的存在，对于社会的日常活动和人们的生活方式有着指导和调整的作用。通过内在信仰和社会评价，道德能够引导人们过上美好的生活。换句话说，道德主要依赖于个人的理智良心去自觉遵守，其核心特性在于自发性和自律性。尽管道德也包含了教育的成分，但是这种教育能否产生效果，人们是否愿意遵守道德规范，并非取决于外部压力，而是取决于个人自主的选择。道德行为是由个体根据自身的意愿做出道德判断而产生，每个人都有权不受外界干扰去决定自己做或不做某种道德行为。因此，教师的道德修养应该高于普通人，因为他们肩负着培养下一代的责任，他们需要为下一代树立良好的榜样。教师的工作，无论是在教授知识方面还是在培育人才方面，很多时候并不是由外部力量，而是由自身的主观意识推动完成的。例如，教师对待学生的态度、投入到课堂中的热情、关爱学生的表现等，都是源于内心，而不是受到外部的强迫。在教育的过程中信念与责任并存，所以教师必须主动提高自身的道德素养和教学能力。

2. 为人师表

教师为人师表，要做到“以德立身、以德立学、以德施教”。

首先，道德品质和精神追求是真正反映个人素质的关键因素。教师不

① 中共中央文献研究室. 习近平关于青少年和共青团工作论述摘编［M］. 北京：中央文献出版社，2017.

仅要在学校里成为学生的榜样，而且要在公共生活中成为人们的榜样。这是因为教师这个职位肩负了传承智慧、解答疑难问题的职责。

其次，教师在研究领域也应该全身心投入，对知识充满敬畏之心、责任感和使命感。这种态度会融入教授给学生的知识体系之中，引导他们走向热爱知识、追求真理之路。

最后，教师要保持高尚的风度，通过自身的人格魅力去熏陶学生，遵守教育的法则，充当他们在人生道路上的指导者。

总而言之，师范生的核心能力在于未来可以坚定地成为一位拥有理想信念、道德觉悟、学术素养和关爱他人能力的优秀教师。

3. 爱岗敬业

爱岗敬业，主要指的是高职教育类专业大学生对自己工作的情感素养。他们要对工作保持热情，并且始终坚守奉献精神。教师只有热爱和尊重自己的职业，才能更好地实现教书育人的目标。教师是一种社会角色，负责传道、授业和解惑，他们的态度和能力直接影响教育与教学的效果。教学效果指的是教师专业水平、教学艺术、教学态度对学生产生的影响，包括学生的文化学习和人生态度等。教师应认真履行教学职责，如果要把书教好，就必须对教书工作怀有真挚的情感，热爱自己的本职工作，并且认真对待每一件教学事宜。教育无小事，教师对自己要有严格的要求。教师职业是一种无法用金钱衡量的奉献型职业。之所以用“蜡炬成灰”来赞美教师，是因为教师具有无私的精神。在工作中，教师可能会面临学生不理解和家长不配合的问题，这就需要教师用对职业的热爱来点燃他们的激情。教师在工作中需要付出很多微小的努力，这些虽然与绩效和成绩无关，但是考验着教师对职业的热爱程度。教师拥有职业热情和敬业精神是国家对他们的期望，也是社会对他们的期待。这种热爱和敬业精神不仅要体现在教师专业能力的提升上，而且要反映在学生的成长进步中。作为高等职业院校教育类专业的大学生，在学习和实践过程中需要做好充分的心理准备。

4. 热爱学生

教师要对学生怀有浓浓的爱意，这是因为学生在国家和民族的未来中扮演着重要角色。教师热爱学生，是因为学生是未来的建设者和接班人；

教师热爱学生，是因为学生正处于成长发展、形成个性的阶段；教师热爱学生，是因为学生渴望和需要老师的热爱；教师热爱学生，是因为只有爱学生才能取得良好的教育效果。教师热爱学生，是热爱岗位和热爱职业的具体表现，也是教师对国家和社会的具体贡献。

教师热爱学生时，要平等关怀每一位学生，真实理解学生的困惑，真诚帮助学生。这种爱是对学生的奉献和关怀，是对学生成长成才的期待，是对学生成长中的问题的关心。教师要指出学生存在的问题，帮助学生树立崇高的理想，实现自我价值。教师职业道德要求体现出了社会对个人培养的期望，对教师的职业道德要求不仅是对教师情感的要求，而且是对教师理性的要求。高职教育类专业的大学生在学习期间要深刻认识到热爱学生的道德内涵，自觉培养热爱学生的情感和理性追求。高职教育类专业的大学生在提升自身道德修养水平和道德境界的过程中，必须从历史和现实的角度审视自己的道德修养水平。作为未来将在社会上发挥关键作用并对其他人产生重大影响的教师预备役，提升道德品质已然成为高职教育类专业大学生思想政治素质的核心需求。道德培养的关键在于自我觉察和反思，高职教育类专业大学生需要认识到道德修养的重要性，并将其与自己的职业规划相结合，自主提高自身的道德水平，确保自己在未来的工作生活中具备坚实的思想政治基础。

（三）能力素养

1. 理论能力

高职教育类专业大学生要了解思想政治领域的基本知识，理解国家在意识形态领域的基本规定，如指导思想、主要价值观，以及国家的政治体系、经济体系等。

高职教育类专业大学生还要具备不断学习的能力。所谓不断学习的能力，就是要能够不断吸收和把握新的要求、了解国家形势政策的变化、大政方针的颁布及具体要求的改变等。拥有知识是一种能力，而接受新知识更是一种能力。当然，对于从事思想政治教育专业的教师来说，这两方面的要求更为严格。社会进步、信息化发展的客观现实要求未来教师具备终身学习的意识，不断提高理论水平和道德修养。

2. 鉴别能力

社会的实际状况具有多样性和变幻莫测的特点，人们的观念和思维方式更是如此。各类不同的观点和社会发展趋势预测，通常具备一定的掩饰性质，并且能体现出一部分公众的需求或期望。教师必须拥有扎实的专业知识基础、丰富的信息识别技巧，以便分辨哪些信息是正确的、哪些信息是错误的、哪些观点是可以借鉴的、哪些观点是必须坚决抵制的，这样才能更有效地指导学生的成长方向。这种能力只能靠持续学习、不断提升自己才能掌握。

3. 批判能力

高职教育类专业的大学生作为未来的教师，需要具备双重素质：一方面，他们应能积极传播正确的政治理念；另一方面，他们在现实生活中也要有鉴别力，能识别出那些错误或有害的思维方式及潮流。此外，他们还需要具备批判这些错误或有害思维的能力，而这依赖于他们的分辨力和运用马克思主义基础理论来武装自己的能力。这个过程实际上要求教育类专业的高职学生拥有深厚的马克思主义理论素养，并且能通过马克思主义的角度、视角和方法来分析和解决各种问题，同时也能利用马克思主义的原则对错误的思考模式和社会趋势预测做出有效的批评。

二、思想政治教育融入高职教育类专业课程的意义

（一）高职教育类专业大学生核心素养的必然要求

“学生发展核心素养，主要是指学生应具备的，能够适应终身发展和社会发展需要的必备品格和关键能力。”[①]学生发展核心素养是对学生智力和道德修养的要求，是一个涵盖知识、技巧、情绪、观点等多层面的全面的素质发展体系。在这个体系中，能力被视为学生在社会化过程中生存的主要工具，同时也被视为他们在信息时代和知识经济环境下获得竞争优势、促进自身进步和独立发展的基石。个体的品德则是对学生长远发展和生活质量产生影响的主导因素，它决定了个人的潜力，使学生能在社会中

① 核心素养研究课题组．中国学生发展核心素养［J］．中国教育学刊，2016（10）：1–3.

顺利地生存和发展。

根据学生发展核心素养的要求，需要针对不同学段的学生提出具体的素养表现标准。同样地，高职院校的教育也应该遵循这个原则，不仅要在人才培育上达到大学的培育标准，而且要对应学生的专业特性和个人素质。所以，高职院校必须考虑到两个方面：一是如何使高职院校的教育效果与国家的要求保持一致；二是如何充分利用学校的资源来提升学生的学习效果。从另一个角度来看，对于高职院校教育类专业的学生而言，其思想政治的核心素质构成必须反映出他们内心的需求与认识的发展阶段。高职院校应该把学生对未来工作环境的需求和他们对个人成长的要求融合进思想政治教育中去，以达到培养内容能更好地满足学生内心需求的目的。只有这样，才能激励学生在思想政治核心能力的培育过程中展现出更强的自主性和热情，为培养过程注入持续的力量，增强教学效果。

（二）培养高职教育类专业大学生为人师表的内在要求

“德者，师之魂。”教师传播支撑人类文明和社会稳定的价值观念，他们代表的是尊严和责任感。由于其巨大的影响力，教师的行为规范问题往往会引起公众的热议。高职院校的教育类专业生因将来可能会成为教师而备受尊重并被寄予厚望。这些专业生接触到的群体主要是正处于构建人生框架阶段的年轻人，如果他们的思想政治水平不足，则容易对他们所带领的学生产生不好的影响，继而影响我国的发展方向。

作为一名教师，其职责在于以自身来给学生树立榜样。思想政治素养是教师品质的核心要素，直接关系到教师如何理解并实施教育行为，也关系到教师在教学过程中所能产生的影响力和效果。教师角色是崇高的象征，他们对学生的巨大影响力是不容忽视的。教师对学生的塑造作用是全方位体现的，既包括课堂上的影响，又延伸到日常生活各个层面。不论是教授文化课程、传授道德法则还是担任班主任职务，教师的思想意识总会以不同的方式潜移默化地影响学生，这些影响都是深刻且持续的。因此，必须对所有教师的思想认识水平实施严格的培育和检测标准。

高职教育类专业大学生作为未来教师的后备军，塑造其思想政治修养的关键因素是教师的职业角色。因此，对他们的培养需要超越学生视角的限制，将其上升至教师团队视角的高度。这意味着在思想政治教育的领域中，必须明确坚定政治信念的重要性，强调崇高的师德标准，引导教育类专业的学生形成正确的世界观、人生观、价值观。此外，教育类专业的大学生还要具备较强的批判思考能力和教学能力。

三、思想政治教育融入高职教育类专业课程的难点

（一）专业课程教师自身的思想政治素质有待加强

高职院校开展思想政治教育是贯彻落实“立德树人”根本任务的重要保障，这不仅是完成培养人才任务的关键环节，还是提升教师自身道德素质的合理手段。思政教育可以激发学生的主动性和参与度，提高他们的专业技能水平，增强他们的政治意识，从而满足他们的个人成长需求。授课教师是将思想政治教育融入专业课程的践行者，发挥着主力军的作用。如果授课教师自身的思想政治素质不高，教育过程则必然存在专业教学与思想政治教育衔接不紧密的问题。

另外，高职教育类专业的师资队伍建设中存在着德育意识不强、缺乏对专业课程育人元素的有效开发、缺乏将思想政治融入教学中的创新意识、重视程度不高等问题。有些教师忽略了“人类园丁”精神的传承和发扬，还有部分教师受限于原有的专业知识，对如何从专业教学中发掘出思想政治教育元素的探索积极性不高，开展思政教育的动力不足，在课堂教学中缺乏对学生兴趣的培养，无法充分调动学生的积极性。

（二）专业课程教师对培养学生思政意识的忽略

传统专业课对于学生的考核多以知识与能力为导向，这种考核方式往往忽略了对学生政治素养的考核。在这种考核方式的影响下，大多数教师致力于对学生学科知识与技能的教授，部分教师会兼顾学生的学习和生活，但整个专业课程教师群体都甚少关注思想政治素养。高职教育类专业是培养教师的摇篮，授课教师的思想政治意识决定着未来教师们的政治意识方向。

（三）教学目标结合不紧密

教学目标的实现是指一种系统性、有组织、有目的地传授知识、技能和

价值观念的过程。教学目标是指导学生学习的一个重要指标，可以说教学目标是教学活动的基础。就高职教育类专业而言，教学目标包含专业教学目标和思想政治教育目标。然而，在教育类专业的课堂教学中，部分教师往往只关注教学内容、课程设置和课程要求，而忽视教学目标。教育类专业课程的思想政治教育目标，就是教师与学生共同营造一种良好的课堂教学氛围，以一种润物无声的方法，使学生的思想得到升华，在行为上形成自我规范、自我约束的潜意识。如果思想政治教育目标不明确，就必然使高职院校教育类专业的大学生的分析能力、实践能力等得不到全面发展。

（四）教学内容中思想政治教育的元素有待挖掘

将思想政治教育融入专业课程，目的是通过教学促使学生形成正确的世界观、人生观、价值观。而众多的观念可以被提炼为思想政治教育资源，并体现在理论知识、价值观念和精神追求等方面。深入挖掘思想政治教育的资源是一项非常重要的任务，需要教师以更加全面、系统的视角来完成。目前，在思想政治教育融入专业课程的过程中，出现了思想政治元素有待深度挖掘和完善、专业专项技术教学与思想政治元素结合不紧密等问题。因此，专业课程教师需要与思想政治课教师共同发挥创新思维，不断增强思想政治教育融入专业课程的实践效果，在理论层面不断深耕、完善，以期更好地指导实践。

（五）教学方法单一，教师缺乏沟通合作

授课教师在思想政治教育元素融入专业课的实施过程中应充分考虑思想政治教育的规律，结合高职教育类专业大学生的身心发展和学习特点，采用灵活的教学方式来改善课堂上的“低头族”现象，增强大学生的课堂参与感，保持课堂的生机与活力。然而，在实际教学中，大部分教师以讲授法为主，辅之以讨论法和谈话法，学生的课堂参与感一般。部分学校要求开展线上线下混合式教学，一些教师在课前用学习软件进行线上签到，课中运用软件播放一些视频或发布一些任务与测验，课后发布作业。一堂课看起来很充实，兼顾了线上与线下，但过于机械盲目的混合式教学不仅影响专业知识和技能的传授，而且容易引起学生的反感。高职院校专业课与思想政治教育融合的有效方式应是采用灵活的教学方式，教师应探究适合每节课的独特教学方式，使得学生在掌握知识的同时，具有明辨是非的能力和良好的思想道德素养。

另外，教师之间缺乏沟通合作的现象也需要得到改善。在思想政治教育融入专业课程的实施过程中，教师们应从专业群、课程群层面进行沟通协作、攻坚克难，避免形成单打独斗的困窘局面。即使是只负责一门课的教师，也应主动锻炼自己与他人合作的能力。学校也要为思想政治课教师和教育专业课教师搭建信息沟通渠道或教学交流平台，实现智库资源共享，这样有利于在高职专业课程中开展思想政治教育。

第三节　高职教育类专业课程思想政治教育的策略与实践

一、以多维价值取向作为高职教育类专业课程思想政治教育的模式

多维价值取向可以帮助指引高职教育类专业课程实现传播科学理念、培育优良师德和培养高素质专业人才的目标。

（一）以课程为载体，夯实思想政治基础

在专业课程中开展思想政治教育，应以专业课程为载体，不断夯实思想政治教育的基础，深入推进专业课程改革，有效实现课程价值。学科体系不仅承载着国家的政策导向和社会主义核心价值观念，也承载着教育活动的根本指导原则，对学生的发展有重要的影响力。因此，深入发掘并充分利用各类专业的思想政治元素可以实现教育的意义。充分挖掘专业课程思想政治教育的资源，夯实课程基础，构建立体式的思想政治教育载体和多元化范式，来实现专业课程所承载的“以文载道、以文化人”的特有教育价值。

（二）以师德为核心，丰富思想政治教育的内涵

以师德培育为核心，不断丰富思想政治内涵，深入推进专业师资培养

改革，有效实现“立师德、铸师魂”的目标。高职院校的教育类专业不仅具有职业教育和师范教育的双重性质，始终以“人”为教育对象和工作对象，还具有教师协同共育的职业要求和师范要义。今日所培养的教育类专业大学生就是明日的教师，他们需要具备从事教育工作的素质和胜任教师职业的品质。以师德为首，将师德置于核心地位，并且铸就思想政治之魂，用于统领他们的专业学习和岗位工作。简单来说，他们需要把道德品质作为关键元素来充实自己的思维品格内容。这可以推动课堂上的价值观教育，影响教育的变革，促使教学创新团队的专业教师深入研究职业教育中的“教师、教材、教法”，增强教师的师德素养，打造“双师型”教师。从专业课里挖掘出丰富的知识可以转化成培养学生实际行动的指导方针，同时也能让学生深刻体会到中华优秀传统文化的力量和中国发展的时代意义，以此强化其对于共产主义理想与中国特色社会主义共同理想的认识。

（三）以成才为目标，拓宽思想政治教育的路径

国务院印发的《国家职业教育改革实施方案》提出“完善高层次应用型人才培养体系”“促进产教融合、校企‘双元’育人”。把思想政治教育纳入学生专业课的学习过程，是为了让学生能够成才。通过扩展课堂外和校园外的思想政治教育途径，实现以多种方法共同培育专门技术人才的目标。在实践中，要探索整合学校教育资源的方法，确保所有涉及国家认同感、政治认同感、路线认同感、理论认同感、制度认同感和文化认同感的内容都能与思想政治教育目标保持一致，这样才能保证协同式教育的范围有效、过程合理、全员参与。在理论上，要探讨加强高校与用人单位深度合作的方法，提升人才培养水平，使得毕业生能成为满足社会需求的有用之才，以此体现出协同式教育的真正意义。

二、结合多种教学模式创新专业课程思想政治教育方法

（一）“相嵌—认知”的挖掘与联结模式

思想政治教育元素融入专业课程建设，可依据知识的性质与类别采取嵌入式机制和迁移式机制。从嵌入式机制的角度出发，“相嵌—认知”模

式是专业课程与思想政治教育相互嵌入、联结，以促进认识的感知模式。换句话说，专门安排思想政治教育环节，使思想政治内容与课程内容相互联结，提升学生的认知，促进思想政治观念的形成。此模式需要不断地深入挖掘价值观念、师德规范和教学观等思想政治内容，将其有机地嵌入、联结在课程教学的内容中，达成“内容相嵌、增进认知”的目的。

（二）“融合—吸纳”的归并与整合模式

这个模式也是嵌入式机制的深化实践，是将专业课程与思想政治教育的实施融为一体，以促进认知的感知模式。即通过随机渗透，在课程教学过程中自然而然地融合思想政治元素，使之与课程内容浑然一体，方便学生的吸收。此模式需要教师提前做好知识的整合归并，并通过该模式促进学生对思想政治观念的整合归并，达成“实施融合、增进理解”的目的。

（三）“深化—内化”的专项与系列模式

此模式是从迁移式机制的角度出发进行探索，深化课程与思想政治教育的结合。即通过专项的和系列化的思想政治教育，在课程教学的每一模块、每一环节中不断强化价值观、教育观的内涵理解，逐步深入思想政治教育。此模式需要形成主题式和系列化的思想政治活动，达成“深入理解、内化于心”的目的。

（四）“示范—带动”的分享与激励模式

这一模式是迁移式机制的深化实践，是以优秀典范辐射带动更多学生共同提升的模式。即通过课程与思想政治教育的融合，发挥示范引领作用，促进学生在言行中展现良好的政治面貌和精神风貌。让他们热爱教师工作，以身作则，展现高职教育类专业大学生的良好素质，以良好的品行带动周围的同学共同学习分享、共同激励进步，一同成长为品学兼优的学生。此模式需要为学生提供分享学习与相互激励的平台，达成“榜样示范、带动群体”的目的。

现阶段，如大数据与人工智能等尖端科技的发展推动了思想政治教育的巨大变革。在专业课中的思想政治教育应全面运用优秀的线上课程资料来深入素质培养，指导大学生通过网络直接接触案例、汲取优秀的思维方式及科学策略，从而深化他们对教与学综合素质的理解。此外，教师还需要经常提供现场示范，引导学生取长补短。除了教师亲自展示之外，课堂实践也提供了榜样支撑。课堂实践为学生创造了许多尝试教学的机会，方便他们开展自我评测、在这个过程中汲取知识。通过鼓励他们在课上根据所学的内容开展对话，激发他们的情感反应，从而加深他们对教育的理解。

三、增强高职教育类专业教师的思想政治教育意识

（一）树立教师的思想政治意识

专业课教师既是专业课程的主导者，又是思政教育实施的关键。大学生在校期间受到的影响来自他们的核心学科及授课教师，若成功推动这些关键领域的德育工作，思政教育的成效将会非常显著。为确保这一目标得以达成，教师需要调整自己的思维方式，建立起相应的认知基础。“教书育人”的真正含义在于：作为一名教师，既要教书，又要育人，这两者同等重要，不可偏废。

（二）提高教师的思想政治素养

有学者调研发现，一些教师对教学中的思想政治教育感到困惑：他们既没有成为共产党员，也没有接受过专门的教育培训，在专业课里融入思想政治教育完全无从下手。出现这种现象的原因不仅是教师未能准确把握“德育”的核心含义，也是他们的政治素质有待改善。为了解决这个问题，教师要主动学习马克思列宁主义、毛泽东思想、邓小平理论、“三个代表”重要思想、科学发展观、习近平新时代中国特色社会主义思想，理解并熟悉有关思政建设的政策文件。同时也要鼓励那些尚未入党的教师努力参与党组织的活动，在日常生活中多关注时事热点问题，了解国家的政治动态与政策方针，正确认识党情国情，增强思想政治素养。

（三）坚持言传身教一致

作为一名教师，需要保持言语示范和身体实践之间的平衡，让自己成为学生的楷模。思想政治教育并非仅靠教师的说教就能实现，还要将其融入教学活动的全部环节，引导学生在实际行动中体现出来。教师通过自我约束、重视个人形象的管理、严格要求自我、关心学生、以学生为中心，

将自己塑造成一位优秀的模范角色，从而潜移默化地引导学生的言谈举止。例如，教师必须保证每节课都能提前抵达教室，并且准备好课本、讲稿、教具及多媒体等相关资料和设备，还要仔细检查作业并对结果做出及时回应。在鼓励学生勇于探索新事物的时候，教师应该展现出对他们观点的尊重，同时教师自身也需要不断地学习，紧跟时代步伐。

四、将思政教育以多样化方式贯穿专业课程教学全过程

（一）教学方法多元化

只有能打动人心并引发思考的教育才被视为优质教育。身为一名教师，需要实时关注大学生的学习特性和他们的生理心理特性，运用不同的教学方法来实施授课。一方面，教师要利用符合大学生个性的思想政治教育策略，用感情去感染学生，用道理来说服学生，使他们在无意识中学会把道德认识转化为实际行动。因此，可以使用情境感知法、案例分析法、模仿展示法、疑问解答法等多种教学技巧。为了增加学生的情感体验，教师可以通过列举生活中的实例，如生活中的道德模范、媒体报道的师德楷模实例等，激发学生的学习热情，增强课程对学生的吸引力和感染力。另一方面，教师可以采用线上线下相结合的思想政治教育方式开展教学。需要注意的是，线上教学是更好地服务学生的渠道，而不只是教师动动手指发布几个任务的机械动作。例如，在教授《教育学》中的“教育学的发展”知识点时，教师在课前可以布置任务，让学生在学习平台上自行学习不同发展时期教育家的教育思想，然后完成课前检验。在课中，教师可以让学生分享自己对不同教育家教育思想的见解，谈谈感悟，并进行同学互评。教师还可以讲授教育学在不同发展阶段的特点，对这一时期教育家的教育思想进行讲解，融入思想政治元素，对学生进行精神塑造和行为方式影响，使思想政治教育在课堂里得到有效延伸。

（二）教学过程多样化

高职教育类专业课程开展思想政治教育，要创新课堂教学模式，激发学生的求知欲，引导学生深入思考。例如，高职院校可以与一些教育机构

进行协作，如通过各类学习平台为各专业提供线上和线下交流的渠道，保证混合式课堂教学的执行。为了使高等职业院校教育类专业更有效地实施线上线下混合教学，教师应当遵循以下三个职责：

首先，让学生在课前预习新知识。教师可以通过教育平台了解学生对学习目标的认知情况，通过发布与之相关的热点话题，引发学生的思考和讨论。

其次，在教学过程中，教师应动态记录每一个学生的学习过程，不断丰富学生的学习记录。如在每次课堂讨论、课堂作业、课堂发言、课堂演示等课堂活动中，让学生对他们自己的表现进行评价，以便学生更好地展示自我。每次课堂结束前引导学生谈谈对本节课的收获及感悟，之后再进行教师点拨，结合教学内容进行思想升华。

最后，课后向学生布置一些有意义的作业。如在教育学课程中讲到“师生关系”时，引导学生谈谈影响自己最深的教师、谈谈自己的感悟，或者引导学生给自己曾经最喜欢的教师发一条信息等。还可以将这些内容录制成视频上传到学习平台，加强学生的体验感，使学生的价值观得到正确引导。

（三）教学评价全面化

尽管现行的高职教育类专业课程的教学评估方法结合了形成性评估和终结性评估，但却仍忽视了对学生社会责任感、使命感、价值观、学习情感等素质的考查。这类素质很难通过考试来获得客观的评估结果。因此，采用恰当的评价方式才能真正考查教育类专业思想政治教育的实施效果。

教师在教学中可以采用谈话或提问的方式，了解学生的职业道德、职业认同感、职业态度等，从而间接评价学生的素质。教学评价还要注重理论与实践相结合。比如教师结合实例，要求学生分析“实例中的教师如何使用基本原理来实施课堂活动”这一问题，并且对一些具体做法作出评价。这种类型的课题活动不仅能测试学生的理解程度，而且能检验学生解决问题的技巧，同时也帮助他们在思考问题时能更深入地感受其情感色彩。这种全面的评价方法能够激发学生的学习热情，更好地发挥专业课程思想政治教育的价值。

（四）教学团队制度化

教研室制度是一种维持教育体系稳定和规范教师行动的力量，同时也是衡量教学团队内部发展质量的关键因素，对高职院校的教学水平有着重要影响。为了加强教师队伍的建设，应做到以下三点：

首先，注重师德建设。高职院校教研室可以通过教师专业培训、在职进修等途径，进行师德教育，完善师德规范，从而形成师德建设常态化和长效化机制。

其次，注重教研室之间的合作。思想政治理论课教师可以通过线上线下多种方式策划教育类专业教研室活动，给予其他教师专业指导，从而形成教育类专业教师与思想政治理论课教师的交叉合作模式，提升团队协同成效。

最后，加强教研室内部团队建设。教育类专业教研室应加强课程建设和专业建设，通过学术研讨、互相听课、竞技比赛等方式，提升教师的教学能力，使教师树立终身学习理念，潜心钻研业务，不断更新自己的知识结构。同时，强调教师在学术、授课和职称方面的交流，并且通过各种途径提升新入职教师的能力，以保证教师团队的稳定性、持久性和高质量。

第五章　基于产教融合的高职商贸类专业课程思想政治教育研究

第一节　产教融合背景下高等职业院校商贸类专业人才的培养

一、高职商贸类专业人才培养的背景

（一）新商科的出现

科技发展，尤其是以计算机、空间技术、生物工程和原子能为主的第三次产业革命，使得人类能够实现生产的自动化。随后的人工智能、量子信息技术、大数据、区块链等全新技术带领人类进入了工业4.0时代，这也是人类的第四次工业革命，是又一次重大创新。这些新兴的技术手段势必会对现存的社会结构产生巨大的影响：它们在现今的影响力远超以往任何时期；它们的覆盖范围更广，扩散速度更快。

传统的高职商贸类专业的教学内容主要基于工业经济发展的需求，根据这些需求设计相关的专业科目，涵盖财政管理、会计学、金融管理、市场推广与销售、电子商务等相关主题。然而，随着数字化时代的到来，这种划分专业类别的方式已经不再适用，因为它无法满足当前的市场需求。因此，需要采用更加灵活的方式去应对这一挑战，即通过行业导向划分专业类别，如财富管理、金融科技创新、税务数据分析、云端营销等，这些都被称为“新商科”。简而言之，新商科就是把现有的商科与最新的信息技术结合，创造出一门具有交融性质、整合特性和多元化特点的综合学科，这是教育创新和改革的结果。在新商科的教育过程中，教育的目标并

不是教授学生某项特定或单向的技术，而是要培养他们运用多种知识的能力，使他们能够在不同的领域自由穿梭，并且善于运用先进技术改进商业策略，以此提升他们的整体素质。

（二）企业人才的需求

1. 人力资源的需求

企业需要人力资源的主要原因在于方便企业选择那些与其需求高度契合的工作者以减少运作费用。在这个过程中，两个关键参与方就是职业院校和企业。高职院校的毕业生通常会进入中小型企业，这些企业往往拥有微型经济体、多元管理架构和少量功能性部门等特征。为了实现持续的发展，企业必须提供足够的资源支持，而这其中就包括了人力资源这一重要部分。它能提供充足且高品质的人事劳动力资源，因此成为推动企业进步的关键因素之一。雇用符合企业需求的高质量员工不仅有助于保证业务流程的正常运转，而且能带来额外的收益。然而，如果雇用的是不符合岗位要求的人员，就会增加企业的支出。由于商业活动的主要目的是追求盈利，因此削减开支是所有企业都期望的目标，尤其对刚刚成立的中小型企业而言，更是如此。但是，从招募、培训等方面来看，企业仍需付出一定的投资。因为许多小型创业企业并没有一套完整的选拔和任用机制，导致招收人员的准确率下降，从而提高了用人的成本，所以对这些企业而言，通过优化人力资源分配来降低成本是非常必要的。因此，与学校和行业深化协作关系成为一种可能的方式。企业以此挑选出更适合工作的优秀人选，让员工更快地融入角色，从而进一步降低企业的运营成本。

从另一个角度看，企业对人才培养的需求主要体现在以下几个层面：第一，针对新入职人员的学习要求。由于他们未必完全了解企业的文化和自身的职位职责，并且他们的知识储备可能无法达到工作需要的标准，因此，企业必须提供相应的培训，以便让他们迅速熟悉并投入工作中去。第二，对现有员工的教育需求。随着企业规模扩大及外界因素变化（比如技术创新），员工需要与企业一同进步，这意味着企业需要对现有的员工进行培训。第三，提升员工的专业素质有助于增强企业的竞争实力。相较于企业在特定领域的专长，它在员工培训这一块往往缺乏深度。即使是在小微企业中，也没有专门负责培训的人员来协助员工学习。

综上所述，企业对人力资源有着巨大的需求。通过产业和教学结合的方式，高职院校能够助力企业开展员工培训，从而满足企业的用人需求。

2. 企业发展的需求

第一，企业发展需要利用学校的教育资源和技术创新优势，为企业提供技术和管理等方面的支持。推动企业发展的关键之一是技术，高超的技术水平有助于企业快速成长。而企业发展不仅仅涉及生产技术的问题，还涉及经营管理的问题。

第二，企业发展有增强企业声誉及塑造优质品牌的要求。优秀的商业口碑对于企业的成长具有显著的影响。企业与高职院校紧密结合，可使大学生成为行业的领导力量和主要贡献者。通过教育学生和让他们参加企业的运营管理工作，学生能够理解并接受企业，这样便扩大了企业的推广途径。

第三，企业发展有时离不开政策优待。作为以营利为目的的经济实体，企业的主要关注点在于实现经济收益。减少企业的营运开支是一种创造利润的方法。而借助高校和企业之间的合作关系，企业能够享受来自政府的相关政策福利和优待，如减税或补贴，同时也能从和高校联合开展的商业活动中获益。

第四，企业发展有建立学习型企业的需要。为了确保企业的存活和进步，企业必须适应经济发展的步伐，同时也应积极推动科技的发展。因此，企业有责任紧随时代的脚步，以保持其竞争力。而实现这一目标的关键在于持续地吸取新的观念和策略，这就要求企业具备自我提升的学习能力，因此创建一种鼓励学习的组织文化是企业成长的重要需求之一。借助这种学习型企业的模式，企业可以进一步深化与学校的紧密协作关系，从而激励员工更加积极主动地学习。

二、产教融合背景下高职商贸类专业人才培养亟待解决的问题

（一）专业的设置缺少动态调整的机制，与产业的融合程度不高

尽管产教融合的推动使得各高职院校的商贸类专业进行了相应的调

整，但是在专业设置上仍有一些问题需要解决：

1. 专业设置缺乏整体规划

首先，部分高职院校对于其专业发展的全局设计并不完整，主要侧重当前市场上受欢迎的专业领域，而忽略了未来有潜力的领域；其次，高职院校没有考虑到地区内各高校间的协作进步，导致专业设定过于相似，使得同一地区的所有大学都提供同样的课程；最后，虽然高职院校积极实践教育与产业相结合的原则，但是在实际行动中，这种理念往往只是付诸表面行动，即在学校决定新设专业之前，才会有专门的企业和行业调查团队组建起来，这些团队实际上并未充分发挥作用，只是走个过场而已。

2. 没有建立系统化的专业动态调整机制

随着各行业持续转型及经济迅速发展，经济形式和商务模式正以惊人的速度发生改变。为了适应这种状况，高职院校必须适时地更新他们的商业贸易相关专业。然而，问题在于，许多学校并未按照产业发展状况定期审查并解析已设定的专业。有些设立了数年的专业，因为在教学内容安排和师资配备上都较为完善且运作平稳，所以高职院校未能立即对其进行产业适用度的评定。事实上，某些专业可能早就不符合当前行业的需求，学校有必要对此做出相应的调整。

（二）企业在课程建设过程中的参与度不高

尽管高职院校对企业积极参加教学设计非常看重，并且期望有更多企业能够加入学校的教学构建，但是因为企业无法找到合适的结合点，并且没有相关的法律法规支持，所以企业的介入仅限于表面。

1. 在专业课程资源的开发过程中，企业的参与度相对较低

为了让商贸类专业的学生更好地适应职场环境并具备实践能力，高职院校应更注重培养他们运用所学理论解决问题的能力。然而现实中许多高职院校并未充分认识到这一点的重要性，教师往往缺乏对具体行业的深度理解。引入业界或企业的权威人士参与教学内容设计能有效提高专业课程的实用性和针对性，这不仅能让学生了解到不同领域的专业术语等信息，而且能让他们将课堂上学到的知识点运用到工作中。遗憾的是，目前部分高职院校仍然主要依赖于自身力量来构建教材体系，导致教材无法完全满足学生的需求，

或者说不能让学生很好地结合实务操作。

2. 课程的内容与实际工作之间契合程度不高

商贸类专业的学生面临着把学习到的理论知识转化成工作技能的挑战。尽管教育和产业结合、和企业协作的方式被广泛应用，但是学校提供的实践性教学的效果却无法得到保证。当学校决定让学生去企业实地操作的时候，学生必须和企业达成协议。实践的时间长度及具体的内容等，都要考虑到企业的现实状况，这就导致学校课程设计无法与学生的实践情况相契合。此外，有些企业为实习的学生提供了并不符合其专业的职位，导致学生的学习需求不被满足，从而影响到课程执行的目标实现，进而导致课程的效果下降。

3. 缺乏对学生素质教育的培养

尽管许多高职院校积极开设与商业贸易相关的课程，但是它们却缺乏对学生基本素质教育的重视。为提升学生的专业能力，这些学校的商贸类专业课程比例被设定得比较高，导致用于培育全方位人才的基础课所占比例相对较低。虽然在短时间内，这种方式能使得学生熟练地掌握专业知识并具备一定的专业技术，但是从长远来看，它不利于学生的全面成长。因为缺少的人文修养会削弱他们独立思考和创新的能力，从而影响他们在工作中的应变能力。

（三）专兼职教师队伍建设不完善

虽然高职院校对“双师型”教师队伍的建设给予了高度关注，比如采取聘任业界人才的方法构建由全职和兼职教师组成的教学团队，让在职教师参加企业的培训来提升他们的实操技能，但是这些举措在实施的过程中仍然面临着一些挑战：

第一，尽管高职院校引入了企业的人才，但是这仅仅是表面上的行为。如只举办了一些由企业员工主讲、以提升公众意识为目的的演讲活动等。这种引入并未真正融入整个培育学生的过程中。此外，这些被雇用的企业兼职教授的素质也无法保证，他们可能没有足够的教学经验和专业的知识背景，很难达到预期的课堂教学效果。

第二，教师与企业协作的意愿不够强烈。许多初级教师把被职业学院派往企业参加实操培训看作是为满足学校需求而设定的任务，他们抱着敷衍的心态前往企业学习，使得实践的效果无法达到预期目标。当学生参加实习时，有些企业确实设有专人负责监督和引导实习生的工作，然而大部分情况下这些人员主要承担的是监管职责，并不能提供深度的问题解答和辅导。

（四）人才培养质量评价维度不够，评价主体单一

当前高职院校的商贸类专业学生评估体系与行业的招聘要求匹配度较低。这些评判准则在某种程度上能为学生提供学习路径的指导，但随着课程设置的一系列改革，高职院校也应相应地修改他们的学生评估体系。然而，许多高职院校仍采用陈旧的评估标准来衡量学生水平，并未根据行业需求设定合适的评估标准，这阻碍了学生实践技能的提升。

1. 人才评价维度低

评估教育成果是提高高校教学水平的关键步骤之一。通过分析毕业生的表现，高校可以洞察其教育过程中可能存在的问题，从而进一步改进教育方式。当前的教育成效评定方法较为单一，通常只依赖于毕业考试分数和就业情况等几个因素来判别高校人才培育效果。

2. 评价指标维度低

评估的结果无法全面而精确地展示学校的教育成果，因此仅依靠评估结果也难以发现并解决教学过程中的问题，这使得提高教育水平变得艰难。此外，高职院校通常只有一种评估方式，即由授课教师来评定学生表现。当前的教育环境更强调实践操作，然而，由于教师很少直接参与到工作中去，他们对于学生工作能力的判断往往过于主观，从而影响了他们的评分精准度。

三、当前高职院校商贸类专业人才培养的策略

（一）确定人才培育目标，与行业规范和职业需求对接，建立复合型知识结构

产教融合是产业和教育的融合，对于高职院校商贸类专业的大学生来说，产教融合的大背景要求他们必须适应时代发展并满足当地市场的需

要。人才培训计划是一个关键工具，它提供了教学活动的理论基础和策略方向。该计划的设定应该考虑行业需求、经济发展特点、学校资源等多种要素，以确保符合企业的招聘标准和社会的市场需求，进而为社会的进步做出贡献。

1. 明确人才培养目标，专业设置与产业发展同步

高职院校在设置商贸类专业时，应注意与企业的融合。融合的目的在于使培养的学生更加符合产业需求，融合的质量会影响人才培养的质量，以及产业发展的质量。所以在设定专业的过程中，高校必须清晰地界定行业的发展趋势，并依据这些发展走向做出相应的改变，以实现教育的导向功能，从而向社会提供有针对性的人才。首先，高校应亲自访问企业，深入了解企业的经营范围和人力资源的需求情况。其次，在设立专业之前，高校还需要对地区做调研。这个“地区”指的是该高职院校所处地域，调研的目的是防止出现过多的与同地区其他高校相同的课程，导致资源的不必要消耗。最后，循序推进专业设置。实际上，设置专业的过程是相当复杂的，可以划分为三步：前期规划、中期实施、后期评估。设置前，企业会为学校提供充分的行业资料，让高职院校对企业岗位有深入的了解。在设立新的商贸类专业课程时，高职院校必须与相关领域的专家进行科学研究，经多次讨论后再做决定。同时，对有发展潜力的新兴行业进行人才培养时，应注意地区性高校的整体规划，以防人才过剩。

2. 对接人才需求，构建复合型知识结构

高职院校商贸类专业人才需要具备多元化的知识结构，人才培养方案需要进一步突破专业和学科之间、知识和知识之间的壁垒。随着时代进步和数字经济的兴起，专业领域的边界逐渐模糊，新技术的出现使企业对人才的需求不再单一，而是趋向复杂和多样化。复合型的知识结构要求商科学生不仅需要学习经济学、管理学、财务分析、电子商务等专业基础知识，还需要拓展跨学科的知识，如大数据、区块链、心理学、物联网、法律等，促使学生在基础能力和拓展能力上同步发展。因此，在制订商贸类专业的人才培养方案时，高校要具有前瞻性，结合新兴产业和商业环境，有机整合相关课程，根据专业需求和市场需求构建课程体系。例如，金融

科技应用专业可设置数据分析、新媒体营销、大数据金融、数字画像等课程。同时，学校可以建立相关课程群，如经济金融课程群、数据分析课程群、营销课程群和创新创业课程群等。依据工作特性与技能领域，高职院校商业贸易类专业的各个学科可在那些聚焦点各异的教学组内选择组合，从而构建出具备行业特征的教育系统。这种教育系统应能够全方位地考虑到当今社会所需的技能思考方式，展现多元化和交融的特点。此外，教学组中的各科目要有紧密的联系，这有助于实现科目的资源共享，满足高职院校商业贸易类专业的学生的知识需求。

（二）构建校企联合资源库，加强师资队伍建设

1. 校企共建课程资源

基于行业整合和创意就业的环境，高职院校必须对教育体系实施全面改革——与企业携手构建新的学习内容体系并将其纳入学校的教导计划中。这不仅扩充了教育的素材库，而且能提高大学生的专业技能水平。课程的设计品质决定着育才目标的达成，所以在设计新课时，高校可采用技术工人的标准。这样的课程设计一方面可以作为教师授课时的指导依据，另一方面可以提高大学生的专业技术水平，从而帮助学生将理论上的技艺转化为实践中的操作经验，使得他们能够在学校里就掌握找出并解决问题的能力。

高职院校应该重视商贸类专业学生的主动参与，根据他们的未来发展趋势制订教学计划。同时，学校应基于与商贸类专业对口的工作领域选择合适的课程内容，并且参照相关的职业技能规范调整课程设计。这样可以使产教融合取得突破，并且在创新与创业的基础上优化课程结构，提升学生的专业能力。职业技能的标准是企业用来评估员工完成任务所需的知识和技巧的一种衡量标准，而高职院校的主要目的是培育具有专业技术的人才。所以，学校在课程安排时必须有明确的目标，即参照相应的职业技能准则来指导学生，并将职业技能准则纳入常规的课堂教学中，确保理论学习与实操训练相辅相成。

高职商贸类专业的教育方案应该增设实践性的课程，既可以借助学校内的实验场地来实施仿真练习，也可以通过高校、政府及企业共同建立的

教育产业结合创新中心开展实际培训。但无论采用何种方式，最终还是要到工作岗位上进行实地锻炼，以便学生更好地理解并融入职场生活。

2. 师资队伍建设

高校可以通过引入业界领头企业的专业技术专家担任兼职教师，这些专家需要具备教师的热情，同时也要拥有深厚的专业实践经验与精湛的技术。例如，开设电商专业的高校可以选择雇用那些在电子商务领域有影响力且有着丰富经验的高级管理者来给学生上课。高职院校的教学内容应依据企业的用人需求和行业的进步而调整，以达成与企业签订培训协议的目标，利用产学合作的方式形成学校与企业的匹配关系。

同时，高职院校需要强化“双师型”教师队伍建设，要求教职工持续强化自身的技能，并且有计划地让他们协作企业参加实践训练，了解最前沿的市场信息，从而优化他们的教学技能，清楚未来的教学和辅导策略。每年的培训时间至少为2个月，并且必须将其纳入教师的工作评估体系，以确保其有效性。可提议在商贸领域培育出几名领头人，由这些领头人引导本专业教师参与培训和研究团队的构建，这样能进一步改善教学的品质。此外，高校也应该经常举办学术研讨会，讨论人才培养方式、教学革新、教学理念等问题，以便全面提升教师的素养。

（三）提升学生实践能力，培养学生创新思维

1. 让学生构建综合型能力结构，提高实践能力

除了拥有多元的知识体系，高等职业教育中的商贸类专业毕业生也需要具有应对新型商业形态和环境的能力。为了实现这一目标，高校必须深入推进产学结合、院校协作，全方位提升学生的理论应用能力、专业技术能力、管理能力、创新创业能力、思考沟通能力和团队协作能力。这些能力的提升依赖于丰富多彩的教育实践活动。高校应致力于推动产学一体、联合培育的发展理念，把企业的力量融入教育教学的设计中，构建产业学院和生产基地。整合政府、学校、企业等多方资源，为大学生搭建实践训练场和真实的工作岗位，以达成“共建共育”和“共享共赢”的目标。校企常态化的合作关系使得企业能够介入人才培训过程，影响学科课程设定、人才培养规划、专业实践学习和招聘就业等方面，协助高校及时掌握

企业的需求和行业的最新信息，使其更好地满足经济发展的要求和产业升级的需求。

2. 打造长效性文化素质机制，培养创新思维

在这个全民创造就业机会与广泛追求进步的时代，结合科技创新及自主经营被视为高职院校商贸学科领域人才培养策略的一部分。自我开发和个人成长始终都是职场生涯的重要选项，因此，商贸类专业的大学生可以通过在学校的学习来发现自己的优点，找到自己热爱的方向，积极参与创办企业的实践。大学生创新创业孵化园是把学生的创新点转化为现实的“逐梦园”，也是培育学生创新创业能力的“养成园”。高职院校不仅需要高度重视该项目的建设工作，而且需要继续推进人文学术修养的发展进程，构建出一种长期有效的文化知识和技能相辅相成的教育模式。这种教学方式可以有效增强个人的思维拓展力，强化个人对新式经济形态的应对技巧，并且激发坚忍拼搏的心态。为了实现高级技术型专业人员的训练目标，高职院校必须在产教融合基础之上，探索企业所需的核心价值观，从而实施思想政治建设的变革措施。学校还要加大对商贸类专业的研究力度，以此为核心内容展开关于人的持续性的研究计划。高职商贸类专业人才培养要在产教融合的基础上满足企业所需要的内在素养和人文素质。优质且富有内涵的活动形式既能满足课堂上潜移默化的思想政治教育要求，又可以改善大学生心理健康状态，对于高职商贸类专业人才培养具有深远的意义。

在我国职业教育的进步过程中，产教融合的应用尚处于初级阶段，其跨学科整合程度有限，企业的参与度也相对较低，人才培育计划的设计并不完美。随着社会经济的发展及商业形态的变化，高职院校中的商业贸易相关专业的技能培训需要适应新的人才需求。为了深入推进产教融合，全方位培育具有创新精神与综合能力的商贸类专业人才，高校必须更加清晰地确定教学目标，增强学生的实践能力，从而建立起多元化的知识体系、综合的能力框架、持续的教育理念。

第二节　思想政治教育融入高职商贸类专业课程的必要性与现状

一、思想政治教育融入高职商贸类专业课程的必要性

各个经济领域都需要有特定的商业伦理规范来指导从业者的行为，尤其是那些从事商务工作的人员，更需要展现出对工作的尊重及责任感。他们必须始终秉持真诚待人和坚定遵守规则的原则，同时也要具有不辞辛劳追求卓越品质的专业态度。这种价值观应当渗入教科书内容，成为教授给学生的内容之一。这样培育出的商贸类专业毕业生不仅能在日常工作中运用他们的技术能力，而且在离开学校后也能保持良好的品行，如忠诚可靠、诚实守信、遵纪守法等。即使个人贡献的力量有限，但是只要大家都能尽忠职守，就能确保社会的正常运作，进而推动整个社会的长远稳定发展。因此，只有把社会主义核心价值观融入每一堂课的教育过程，才有可能达到学科教育和德育双赢的目的。

对高职院校商贸类专业的学生实施有效的思想政治教育至关重要，他们需要具备崇高的品德素质和良好的伦理操守。高职商贸类专业大学生的思想政治状况，在我国迈向富强之路的过程中发挥关键作用，因为他们在未来会成为我国的核心竞争力资源，为我国社会主义事业的发展提供源动力。

从另一个角度出发，对高职商贸类专业大学生进行思想政治教育，也是实现其自身发展的内在要求。第一，对高职院校商贸类专业的学生实施思想政治教育活动，能推动相关观念的普及和学生个人的进步；第二，思政教育有助于延续并弘扬优秀思想，有助于完善商贸类专业的学科教育全面度；第三，对于商贸类专业的大学生来说，思政教育有助于他们建立正确的世界观、追求更高尚的生活目标，以使他们更好地投身于社会主义建设中；第四，思政教育有利于完善思想品德课程体系结构，避免无目的或

泛化的灌输，增强教学的实际效果。

二、思想政治教育融入高职商贸类专业课程的现状

（一）高职商贸类专业课程思想政治教育力度不足

尽管近年来思政教育和专业教育的融合实践取得了一定的进展，但是在当前高职院校的人才培育计划里仍然普遍存在着重专业教育而轻思政教育的情况。浮于表面的思政课程使得许多高职院校大学生对于思想政治课程产生了反感，他们仅仅将其视为应试考试的一部分，并没有深入理解其对个人成长的重要性。在现阶段的课堂上，教师往往只会教授专业技术，而忽略了思想政治教育的有效实施，因此难以激发学生的思考和感情投入，更别提建立社会导向性的目标了。换句话说，学生并没有从思政教育中获取坚定的信仰，而这种信仰才能激励他们在事业道路上不断探索和创新。

（二）高职商贸类专业学生的综合素养尚需提升

高职院校商贸类专业的大学生通常觉得只要掌握扎实的专业理论和实践能力，获得相关资质证明，就能被雇主认可，从而获得更高的薪资。他们相信，只要自己的技术精湛且拥有更多的认证，就能拥有更好的职业前景。因此，他们在日常生活和学习中尽量减少涉及品行、体魄、劳作、审美等方面的内容，如果无法回避，就被动地去应对，只把这些内容视为必须完成的工作任务。这表明了他们的心理状态还不够成熟，未能充分理解全面素质培养对其个人进步的重要性，认识不到素质培养直接影响着团队协作、为人处世、社交互动、创新思维的能力。

（三）高职院校商贸类专业课程教学与思想政治教育中的问题

1. 专业课程教学与思想政治教育脱节

在高职商贸类专业的培训计划中，理论通常与实践分离，并且由于要满足毕业生就业率及品质的需求，学校往往更侧重实践能力的训练。这使得学生过分关注技术性内容，如技能比赛或求职表现等，而忽略了道德教育的部分，只期望通过测试就可以。这种理论与实践之间的割裂使高职院校商贸类专业的学生很难在思想政治教育方面获得更好的结果。

2. 专业课程教学与思想政治教育相结合的研究薄弱且实施不到位

尽管关于如何把专业课程教学和思想政治教育结合的研究已经进行了很长时间，但是对于具体实施方式的研究仍然不足。这种不足体现在路径探索、教学策略探讨、人才培育计划分析等各个方面的教改研究上。即使有部分研究结果产生，但由于监管和评估体系不健全，部分教师无法在讲堂上真实地执行这些研究结论，所以研究成果的实施未能发挥实质性的作用。

3. 高职院校部分教师的思想政治教育水平尚需提升

高职院校的教师群体包含专攻意识形态教学的专业人员，同时也包含其他专业的讲师。一些专注于意识形态教育的教师可能对教学技巧并不熟悉，他们通常会直接根据教材来讲解，使得课堂变得枯燥乏味。学生无法积极参与并深入理解学习内容，只能被动记忆以应对测试，有时还会觉得这门课毫无价值。虽然这些学校的专业课程教师都具备卓越的技术能力，能够有效地向学生传授实际工作中所需的技能，但是他们的意识形态素养却未经过系统培养。因此，高职院校的教师群体在如何恰当地结合意识形态教育和专业技术教育方面存在不足，尤其是在编写课程大纲及教案的过程中，往往只会强调专业领域的知识，而忽略思想政治教育的内容。

第三节　思想政治教育融入高职商贸类专业课程的策略与实践

一、构建高职商贸类专业思想政治教育教学体系

高职商贸类专业思想政治教育建设的关键点是构建专业思想政治教育教学体系。专业思想政治教育的培养目标依托于专业人才培养方案中的思想政治教育课程体系来实现。对于商贸类专业的毕业生来说，对他们综合能力的训练应涵盖该领域下的所有课程，包括基本的专业知识、关键的专长科目、扩展性的学习项目。这些课程的目标不仅仅是锻炼学生的职业技能，还需要从价值观的角度出发，为学生提供全面的教育指导，使他们能

够理解并掌握专业道德观念、理论体系、实践方式、发展策略等信息，从而达到人才培养计划设定的总体目标。

为了使高职商贸类专业的思想政治教育达到系统的、立体的且活化的状态，高校需要构建一套以“4+1”核心课程为主导的专业思想政治教育框架，同时把其他辅助性的思想政治课程纳入其中。这个框架需要根据我国及世界的经济发展情况做出调整，从而为学生提供指导。此外，高校也应该注重该框架的多元性和层级性，通过设定不同的课程类别，逐步提高各阶段的学习难度。基于这个原则，高校还要确保各个思想政治课程之间的连贯性，并且要确保这些课程能够适应学生的思维成长轨迹和个性特征，以便更好地评估他们对思想政治主题的理解程度，以及他们在完成特定培养目标时的表现情况。

高职商贸类专业思想政治教育若要落到实处，需要充分发挥第一、二、三课堂的相互协同作用，实现从“知”到“行”的育人全过程。只有这样，才能使三类课堂真正做到互相联系、互相支持，从而让思想政治教育深入人心、真实有效。

二、基于“互联网+”与产教融合的背景实施商贸类专业课程思想政治教育课堂改革

（一）商贸类专业课程思想政治教育体系设计

1. 价值引领层面

从价值引领的角度来看，思政教育体系设计的重点在于让学生主动遵守社会主义核心价值观，塑造学生对祖国的热爱与对文化的自豪感；让学生深入认识国家的全球化发展战略，并在日常生活中加以应用；让学生用马克思的辩证唯物论来正视国际商业中存在的文化差异。

2. 职业素养层面

从专业的角度来看，思政教育体系设计需要塑造学生对新商业文化的理解力；提升学生的协作能力和坚忍的毅力；培养他们的创造力和创业技巧；强化他们对诚实守信及遵守规章制度的重要性的认识；增强他们在

全球化视角下思考问题的能力，从而推动国产商品走向海外市场。简而言之，就是要让学生“懂中国、知世界”。

（二）以课程标准引领中间层面课程设计，基于“互联网+”与产教融合进行教学改革

高职商贸类专业的教学大纲不仅体现了教育的核心理念及愿景，而且能彰显出该领域的专业特性。它对人才培育有着清晰明了的要求，且要求人才培养必须与技术创新进展、产业演进趋势及地区经济增长保持一致。每个专业的主干学科均应达成总体的教育目标，通过模仿企业的实践学习环境（定制班级）或现场实训来完成这一任务。因此，学校制订的商贸类专业教学规划必须包含丰富且全面的社会化因素，以满足教育教学的目标要求。同时，学校也要确保教师同业界专家之间的社会价值观、社会关注点基本一致，以便提高大学生的整体素质水平，深化他们对国家认同感和民族自豪感的认知程度，进而加强他们的责任意识。

高职院校需要精准把握互联网环境下的课程体系构建需求，注重对课程架构的高层次构想及全局布局，以彻底解决高职院校商贸类专业与思想政治理论课之间存在的不协调问题。因此，高职院校应适应现今数字化经济的发展趋势，有效地实施针对商贸类专业人才教育的制度改革。为满足高职院校商贸类专业的学生培训需求，高校必须制订出高水平的方案，明确总体目标，将互联网技术融入课程，把思想政治教育目标、专业技术能力和企业经营管理理念进行整合，全面提升思想政治理论课程的系统化程度。创建一种能将思想政治理论课程和其他各类课程融为一体的机制。

（三）提高教师的思想政治教育水平

教师肩负着教书育人的责任，需要通过自我能力的强化，有效地指导新一代大学生适应这个时代的需求。教师应保持热情并追求美好的人生目标，这样才能激发学生的共鸣感。无论是思想政治教育还是非思想政治教育，教师的首要任务都是在产教融合中加强理论与实践结合，从而进一步加强专业课程思想政治教育能力。

（四）以学生为主体，有效地引导学生发挥其主体作用

学习课堂从校内课堂转变为云课堂、企业课堂、校内课堂相结合的综合课堂后，学生的学习特点也发生了改变，学习需求也在不断增加。因此，为了满足这些新的需求，高职院校需要重新审视并调整专业课程思想政治教育的内容，以适应现今社会发展的趋势。同时，高职院校要更新学习的重点领域，以此来调动学生的热情。教师也必须深入研究各种教学资源，利用多种科技工具和教学策略，对课程的教学内容进行再造，从而确保能够实现培养品行兼优人才的目标。

学生作为主体，能够有效推动专业课程思想政治教育的发展，促进专业课程思想政治教育的实行。但问题在于，高职院校商贸类专业的思想政治课重理论而轻实践，使得学生无法具备足够的社交实战技巧和经验积累。因此，高校需要从传统的教育模式转向以实际行动为导向的教育模式，强调培养学生的动手能力和独立思考能力，也要重视结合企业的实习环境，在教授专业课内容的同时加强劳动者精神培育。

（五）重视“云课堂”教学，将信息技术手段融入专业课程思想政治教育的设计

信息科技持续发展，带动“云课堂”的出现，这给高职院校商贸类专业的思想政治课教学带来新的机会。通过有效地利用“云课堂”等信息技术手段，可以显著提升高职院校商贸类专业思想政治课程的教育效果。教育变革始于网络技术的兴起，运用信息化手段是必要的。善用网络工具可促进线上、线下教育的协同发展，所以高校应充分利用两者的教学资源以培养人才，在此基础上，还应优化整个教学的目标和流程，结合网络平台来深化对思想政治课程资源的研究，以此做好专业领域内的德育工作。

三、深度挖掘高职商贸类专业课程中的思想政治教育元素

（一）弘扬中华优秀传统文化，探索实践育人方式

展示改革创新的时代风貌、推广社会主义核心价值观、突显中国梦的主题、激发学生的爱国情绪，这些都是商贸类专业课程思想政治教育的关键部分。

首先，在课程中引入时政热点，引导学生思考，鼓励学生创新。以

《经济学基础》课程为例，该课程涵盖国内产出量、国家收益、物价水平、公共财政收支、税务等问题。教师可以通过引用全面建成小康社会的路径、5G技术推动下的市场营销模式转变、碳排放减少对各行业的影响等实例，指导学生从专业的角度分析这些问题，这一过程也能让他们学到正确的世界观和研究方法。

其次，深厚的中国历史文明中包含了许多思想政治教育的成分，前段时间爆火的“国潮”现象恰好说明了青年一代对中华优秀传统文化的信任和热爱，恰当地利用这些文化要素能提高课程质量并熏陶学生的品格。比如，可以建立一个关于汉服主题的项目，引导学生去学习有关汉服的历史及文化背景，在执行这个项目的过程中，学生也能更深入地理解产品的内在价值。此外，教师应重视教学过程中的扩展部分，把传统的授课模式与实践结合，把教材内容与课外的探索结合，让思想政治教育的内容能够通过各种方式展现出来。

最后，探索实践育人的途径，以实现思想政治教育与技能培养的有机结合。例如，某地高职商贸系为了帮助贵州铜仁的对口单位，充分发挥专业的优势，设置了电商助农的本地课程。这门课程通过企业的支持、系部的主导、学生的参与，对创新创业、市场营销、客户关系管理、电商平台操作、物流和售后等方面的知识进行了重构。该课程采用任务驱动和模块化教学的方式，鼓励学生独立解决实际问题。学生通过模拟实训和企业实操平台进行实战演练，最终完成学习任务。这种情景化的教学方式取得了显著的效果，不仅增进了两地师生的感情，而且让学生直观地感受到新电商助农模式对乡村振兴的积极意义。由此可见，教育工作并不仅仅局限于课堂教学，只有和课堂外的活动相结合，才能让学生受益更多，为培养学生德智体美劳全面发展打下基础。只有将思想政治教育融入育人的全过程，才能像春风化雨一样，无声地滋润万物，完成立德树人的根本任务。

（二）选取国民经济数据，解读国计民生

经济指标能够反映出时代的节奏，是一种重要的思想政治教育资源。无论是与国计民生相关的统计数字还是个人的信用卡记录，这些经济信息都与日常生活密切相连。解读来自官方的数据，可以有效地提升学生的知识水平，建立起对社会环境的认识，从而达到思想政治教育的目的。

首先，应该选择具有较强时效性的国民经济数据。在展示这些数据时，可以采用对比和重组的方式，以突出思想政治教育的目标。

其次，需要注重选择与教育相关的数据，这不仅易于学生产生共鸣，也更易于学生理解。例如，为了让学生理解“财政收入”和“财政支出”的概念，教师可以展示《政府工作报告》中的财政预算数据，结合学生的自身体验，如教育扶贫、义务教育、助学项目等内容，让学生充分了解国家财政教育经费的具体用途，从而更深刻地感受到国家和社会对教育和青年一代的重视。

最后，需要注重用经济数据解读生活现象。比如，可以运用经济学中的供求关系和政府监管职能知识，分析物资价格的变化现象，引导学生认识到国家稳定大局的决心和措施；还可以用恩格尔系数分析我国百姓生活水平的提高情况，进一步思考、质疑，从而看到国民消费方式和层次的多样化。同时，通过个税改革来理解我国国民收入的变化，结合脱贫攻坚战的全面胜利深刻理解共同富裕的含义。

总之，数据揭示了国家的经济和民生状况。通过巧妙地运用这些数据，可以从微观层面看出问题，从而获得更好的思想政治教育效果。

（三）培养理财思维，树立正确的金钱观

金钱观是人们对待钱的方式，具体而言就是如何获得及使用钱财的方法论。在当今的市场经济社会中，每个人都容易在商业利益、社会关系网等因素的影响下走偏路。因此，在社会的进化过程中必须有正确的财经意识形态教育，以培育出具有正确理财思维和社会价值导向的人才，服务大众群体的需求。

1. 引导学生正确认识金钱

从经济学的视角来看，钱币是一种工具和方法，人们不该被其束缚。真正的快乐来源于内心深处的满足，而非钱财。虽然金钱构成了生活的一部分，但是某些事物，如知识、才能、情感等并非用金钱能买到，这些金钱无法购买的事物更为宝贵。

2. 加强劳动教育

加强劳动教育可以让学生深入了解并接受以工作量决定报酬的原则，防止他们误入只依赖他人而不付出努力的思考模式或过分追求物质享受的世界观。要通过教育让学生明白获取非应得之物不仅会断送他们的未来，而且可能对整个社会造成一定影响。在法治社会，人们对于财富与利益的态度应该是有所取舍，并且懂得如何利用合法手段来保护自己的合法所得。

3. 规范学生与金钱相关的行为

教师应该利用教学内容来培养学生对财富的管理技巧。例如：在讲解会计学知识的时候，教师要教授学生如何使用有效的储蓄策略，以实现合理的支出计划，并且要教育学生在日常生活中养成节俭的习惯。此外，也应当让学生了解到他们的信用卡记录和个人债务情况。同样地，可以用模拟的方式让学生理解企业的预算是怎样制订的、企业是如何选择最佳的风险控制方案的。因此，对于商贸类专业的学生来说，建立正确的金钱价值观是非常必要的。这种思想意识会影响他们的生活态度和生活质量，甚至会决定他们在未来职业生涯中所取得的成绩。

（四）深化职业素养，培养敬业精神

社会的进步对技术人员的专业素质有了更高的要求。工匠精神代表了一种专业的态度，体现了工作中的伦理观念、能力和品格。为了实现培训目标，高校需要强化对职业操守和专业技术的教育，特别是强调职业精神的培育，从而让商贸类专业的学生能够成长为具有高度敬业心和创造力、追求卓越、专一投入的技艺型人才。

1. 强化学生的专业意识

商贸领域对从事该行业的员工的职业素质与道德品质有着严格的要求。优秀的外贸专家具备全球化的视角和创新能力，他们能积极强化自身的技能并展现出敬业的精神。为使学生成为这种优秀的人才，教师应重视实务讲解。比如，在讲解进口或出口商品报关的过程中，教师可以利用实例和场景式教育让学生理解工作的高难度及专业性；再以介绍跨境电子商务订单处理为例，需要着重阐述跨境电子商务服务前期、中期和后期的标准程序及语言表达方式；也要让学生了解常见的英语信件和电话沟通技巧，熟练使用客户管理工具，帮助他们成为一名专业的客服人员。

2. 通过实操落实职业素养

职业教育课程强调实践与动手能力，因此，教师在教学中要引导学生明确他们的学习目的和任务，以塑造他们脚踏实地、勤奋刻苦、专注专业的精神。例如，在制作单据的过程中，教师要确保学生的每一个步骤都准确无误；讲解仓库管理知识的时候，可以先让学生亲身体验多种可能的方法，然后由教师对最佳策略做出总结。让学生明白，即使是货物分类存放这样的简单事务，也必须保持高度的专业态度。

3. 引导学生做职业规划，树立职业目标，增强内驱力

通过整合“1+X”证书体系和职业发展课程，可以寻找更多的教育方式来充实课程内容。这样可以让学生更加清楚地了解他们所学习的知识将如何应用于未来的工作环境，从而使他们更加深入地认识自己的专业领域，建立起对于自己职业的责任意识和认可度，把职业伦理观念深深植入内心，同时付诸实践。

四、注重行业需求，校企合作建立成长型思想政治教育资源库

在一个专业的课程中，要将德育润物无声地融入课堂，就需要教师深入地研究和开发课程中的思想政治教育元素，并将思想政治教育元素融入专业课程相关的知识点与技能项目。很多思想政治教育元素往往会以文字案例的形式呈现，元素呈现方式单一。因此，商贸类专业有必要建设思想政治教育资源库，使思想政治教育资源更加丰富。例如，在商贸类专业的快递实务课程中，教师讲解到快递分拣相关内容时，可以列举一些诸如分拣员操作不当等相关案例，让学生引以为戒。在这种情况下，如果只通过口述的方式讲解案例，学生可能意识不到快递分拣中出现问题的后果，同时也感受不到操作不当给客户财产造成的损失。在这个节点上，教师就可以融入思想政治教育元素，将“暴力分拣导致货物损坏”的案例以视频的形式呈现给学生，让学生直观地感受暴力分拣等不当行为的危害。接着教师引入相关法律法规对此类事件的定义与处理，使学生形成深刻的印象，

让学生深刻理解分拣中操作不当行为带来的危害，培养学生的法律意识和职业道德意识，使其做到德法兼修。

（一）资源库建设应考虑企业及行业需求

高职商贸类专业的课程，与企业的服务、经营、生产、销售等诸多方面息息相关，企业的经营过程就是商贸类专业课内容应用的过程。因此，专业课程思想政治教育资源库的建设除了引入一些普适性的内容，还应当更多地考虑企业对员工素质的要求、社会对于各个行业相关工作人员的职业道德要求。在资源库建设的初期，商贸类专业各门课程的教师都应深入企业，与企业的经营者、劳动者、管理者及行业的相关管理部门进行沟通与研讨。例如，物流企业倡导物流包装的回收再利用，要求员工时刻注意纸箱的回收与资源的节省。从企业的角度来说，这是一种节约成本的行为；从社会的角度来说，这种行为避免了浪费，减轻了垃圾处理的负担。在发现这类问题时，教师可以将这部分内容纳入思想政治教育资源的绿色发展类别。教师还可以与企业沟通，在得到企业许可的前提下，录制相应的实操视频，与企业经营者一同制作微课，以影像的形式丰富资源库。

（二）调动教师建设资源库的积极性

充分调动教师的积极性，制定切实可行的资源库积分制度，使负责专业课教学的教师既有使用资源库的权利，也有丰富资源库的义务。教师可以随时提交新内容以扩充资源库，一旦内容被审核通过，就给予教师与绩效挂钩的相应积分。为避免内容重复的情况，资源库应当具备相似筛选功能和去重功能。为保证资源的质量，可以在资源库不同大类中设置不同的负责人。教师上传的资源，由负责人审核通过，方可被资源库采纳。用这种方式调动教师的积极性，让教师主动成为资源库的缔造者，在专业群体中建设成长型的专业课程思想政治教育资源库。这种做法能使资源库的内容日渐丰富，使专业课程思想政治教育内容逐渐充实。

第六章　产教融合视域下高职专业课程思想政治教育的策略

第一节　把握思想政治教育融入专业课程的原则

一、遵循以点建面、点面结合的全面覆盖原则

思想政治理论课从一个整体的视角讲解各种政治思想、主张和观念，从而构建学生思想政治理念的框架，并使学生形成对毛泽东思想、中国特色社会主义理论、思想道德修养、法治等知识的系统化把握，以充分发挥其功能。专业课程中的思想政治教育则从职业角度出发，传授学生在岗位上需要的道德、品质和精神，着重强调具体的思想品德知识，以取得更加深入的效果。例如，思想政治教育理论课要求学生遵守法律法规和职业道德，而市场营销专业课程中的思想政治教育则与课程内容密切相关，将之具体细化为市场调查职业道德、广告宣传职业道德、新媒体营销职业道德、产品销售职业道德等方面，更加深入地阐释职业道德的范畴和正确做法。通过将思想政治教育理论课与专业课程思想政治教育相互结合、合理安排，可以全面覆盖思想政治教育内容，有效地培养人才。

每个学科都设定了全面性的品行培养指标，将其分配至各个学习主题中去，从而使其能够贯穿整个学习流程并在不同的节点上体现出来。这些元素相互连接，构成了“链条”，最后形成了多个独立而互补的部分，这就是所说的“层面”。例如对于一节名为“思想政治基础”的公共必修科目来说，它设定了一个包含两个层面的综合发展计划：一是关于个人品质的教育；二是对法律法规的学习。为了使这二者有机结合，教师可以把这

节课分成几个部分来讲解：第一部分是对中国特色社会主义核心价值观的基本认识；第二部分是介绍我国现行的宪法及相关的法律法规；第三部分是讲授如何运用好相关规定；第四部分会涉及一些具体的案例分析。以知识点组建知识面，既不遗漏也不重复思想政治教育教学点，循序渐进，这样的教学方式易被学生接受，也易于学生消化和吸收。

二、遵循人、环境、教育交互影响的教育类型丰富原则

（一）知识类型丰富

在目前的教育环境下，思想政治教育的范畴得以扩展和延伸，不再局限于学科中的理论知识，而是包括了“三下乡”“志愿者活动”“爱心公益”等实践活动。通过实践践行社会主义核心价值观，帮助他人、奉献爱心、传递正能量。比如，“党史宣讲员”热潮中，志愿者们把他们学到的革命烈士的先进事迹和党史理论传达给参观者，在宣讲实践中深化和巩固理论知识。这是典型的思想政治教育理论知识和实践的有机结合，构建了学生知识、能力和价值观培养的综合体。

知识可以分为显性知识和隐性知识，专业思想政治教育的知识也是如此。显性知识体现在书本教材、课堂讲授等理论教学中，而隐性知识则隐藏在学校的宣传栏、教师的言行、同学的交流沟通乃至周围的自然环境中。因此，专业思政教育需要重视人、环境、教育之间的相互影响，注重显性教育和隐性教育的并行推进，进行全方位的教学、全过程的人才培养。

（二）教学方式多样

“高谈阔论讲大道理”并非唯一的教育方法，“润物无声”才是长期有效的思想政治教育的关键所在。结合实际案例来提升学生的品德修养，以生动的故事激发他们的思考，引导他们去分辨对错，由教师提供指导和目标，让学生在实践中培养品质，通过参加社会实践增强毅力。每节课、每个事件、每次体验、每一个课后活动，甚至每一次对话、交谈或互动，都可以成为思想政治教育的切入点，从而推动学生价值观的构建与发展。因此，专业课程教师需要提升自身的思想政治素养，采用多种形式的教育

策略安排思想政治教育，充分利用主修课、选修课及课外的所有机会，确保培育出优秀的人才。

（三）教学手段灵活

结合集中的课程讲解和个性化的指导，按序进行上课前的自学准备、上课时的主题阐述及下课后的回顾学习，并使在线和离线的方式相互融合，灵活地应用各种教学方法，推进专业的思想政治教育活动。此外，也应考虑到人类个体间的互动关系及他们所处的环境，有效利用学校的各类设施，构建有利于培养人才的氛围。教师的示范行为对学生的正面引导至关重要，可以不断激发学生思考商业理念和企业精神，从而深入理解必要的职场素质。教师需要严格遵守法律规定，保持谦逊的学习态度，友善待人，关爱学生，既注重内在修养，又重视外在表现，让每一句话、每一个行动都能深深感染到学生，这就是最有效的思想政治教育方式。

三、遵循由浅入深、由普适到专有的层次递进原则

（一）进行专业思想政治教育时，必须遵循教学规律

教师应从宏观的角度出发，从小事入手观察细节，逐步深入理解和掌握理论知识，并将其应用于实践。教师也要关注课堂之外的社会环境，层层推进学习的进程。“立足政治性，发展科学性，弘扬人文性”是开展思想政治教育的基本规律。

首先，需要从政治角度出发，明确思想政治教育存在的根源与发展路径。思想政治课程应始终保持正确的政治导向，传授先进的政治理念，并且肩负起塑造社会主义事业领导者的崇高使命。这不但是思想政治教育的核心目标和责任，而且是构建专门化、系统化思想政治教育框架的关键所在。

其次，提升科学性的目的在于让思想政治教育采用科学的方式来探索与传授知识。要想培育大学生的独立思考能力和创新思维，就要求专业的思想政治教育由理论走向实践。思政教育不应局限于教室内的讲解，而应鼓励大学生离开校园，前往历史博物馆、纪念碑等地，深入乡间田野，

走进工厂、社区等地，通过各种各样的实操体验，了解自己的定位，磨炼自身的技能，从而提升个人理解理论和服务社会的能力。

最后，强调人本主义意味着应重视学生的主体地位，并将其作为中心来安排思想政治课程。专业课程思想政治教育在学生的视角下展开，清晰地阐述了他们需要掌握的专业技能与道德品质，并在大学的每个阶段逐步指导、教诲及激发他们的思考能力，让他们能分辨对错、保持学习的热情，以便更好地融入社会发展。

（二）遵循学生需要和理论演绎规律，专业思想政治教育目标可分解为不同类型的素养培育

逐步转向专门化领域以培育具备高技能的专业人员是教育的目标。这种发展过程反映了学生在其生命历程中所面临的普遍而不可避免的需求。这些需求包含深厚的理论基础并展现出明显的当代特性，主要体现在四个方面：受限于环境的影响、满足个人需要的规律、适应与超脱的法则、主导的多维交互规则。教师不仅要考虑学生的当前需求及知识水准，还要依据社会的技能标准和实践来推动他们持续进步，从而激发他们的自主意识，使被动学习转变为主动参与。因此，专业的思想政治教育开始强调价值观引导，旨在塑造通用的能力和道德品质。随着对学生需求的研究不断深入，专业思政教育也更关注能力的提升。特别是在职业素质、特定职位的要求上要加大力度，进一步考虑社会的需求，继续加强职业素质、工作性质的培训。

四、遵循各类课程相互支撑的协同一体原则

（一）思想政治教育理论与实践相互支撑

培养大学生的道德观念和社会意识是思想政治教育的核心任务之一，思想政治教育致力于引导他们的思维方式的转变，即人生价值取舍及全球视野构建。为大学生在追求宏伟梦想的过程中提供指导方针，以确保其走上正轨，这是思政教育的目的。理论知识固然不可或缺，但实践经验同样重要。实践经验能使大学生深刻体会且领悟理论知识中蕴含着的精神内

涵。这不仅增加了学生的知识体系深度，而且扩大了他们的心智领域范围，激发了他们进一步探索更多可能性的意愿。这种积极反馈使得整个过程形成了良好的闭环效应，在一定程度上实现了持续增长的效果。例如，劳工教学就是一种典型的情况，展示出通过精神层面的思考和实际行动来实现共赢效果的过程。在这个过程中，教师会强调尊重工作的意义，并将之视为社会责任的一部分，以此强化学生的"扫一屋，并扫天下"的信念。接着，教师会鼓励学生亲身参与劳动实践活动，让他们亲身感受到付出的努力所带来的成果，从自我认同感和自豪感的角度加深对勤奋的重要性和必要性的认识。

（二）思想政治教育与专业技能相互支撑

过硬的思想政治素质与卓越的专业能力构成优秀人才的基础，只有两者兼备并相互配合，才能取得更好的进步和发展。专业知识中也蕴含了一定的伦理道德观念，所以教师要适时对学生进行相应的教育和指导。例如，在收集市场调研信息的环节中，教师除了教授学生获取信息的方法，还需要向学生强调不能欺骗他人、捏造事实或者误导受访者的原则，确保学生获得的信息具有真实性且无偏差，使学生养成正确的工作价值观。

（三）课程与课程相互支撑

1. 思想政治理论课程彼此相互依赖

每门思想政治教育课程都是独立的，有自己的教学目标和重点。同时，它们之间也存在着内在的联系，那就是共同培养出具备德智体美劳全面发展能力的社会主义建设者和接班人。

2. 思想政治课程与专业课程之间的互补关系

思想政治课程为专业知识提供了坚实的基础，专业课程则增加了思想政治教育的深度。换句话说，思想政治课程主要关注"如何塑造人格"，专业课程则专注于"怎样实现这一目标"，两者共同促进学生的成长。从专业的角度来看，它涉及对现实问题的深入理解和解决能力，包括坚持职业伦理、承担社会义务等。而在实践层面，它是以实际行动来体现并贯彻社会主义核心价值观，从而提升个人的道德修养。在这个过程中，学生逐步领悟到"如何塑造自己"的重要性及其内在含义。

3. 各专业的课程彼此支持

各个专门的学科主要致力于提升学生在特定领域或者多个领域的职业伦理素质，从而形成网络结构，以全面实现技术训练和价值观塑造的目的。只有当思想政治教育理念及实际应用、思想政治教育内容及专业技术知识等实现协调统一、互相配合时，才能充分体现出专业思想政治教育的意义，使教师更清楚地知道他们要保护的是哪个“水道”，从而最终能确保“守护那个水道”。

总之，通过整合各种课程，可以防止思想政治教育内容的重复，减少遗漏思想政治教育内容的可能性，这样才能更全面、更深入地培养人才，真正做到协同育人。

第二节　树立校企合作的共同价值追求

一、产教融合背景下校企合作的原则

（一）服务企业原则

高职院校的目标群体是企业，其产出为人才资源，而企业正是人才的需求者。随着社会与经济快速发展，各类科技及工程领域的人才需求也在日益增加。除了科研人员，也需要大量的能直接投入实际工作岗位的技术实用型人才。为了满足企业人力资源供应上的巨大缺口，高校必须以提供优质服务的理念推动其教育发展，同企业建立起有效的协作关系。这是高校进入这个市场的第一步，也是产教融合成功的关键因素。高职院校应该全面考虑如何更好地支持商业实体成长，了解企业在招聘员工时的具体条件或偏好等信息，同时也要关注企业如何评价学生实操能力等细节问题。另外，高职院校还需鼓励企业加入学校的教育教学改革中，这样才能更有效地向企业输送优秀毕业生，以解决当前存在的企业用工难等问题。

（二）企业需要原则

高职院校与企业协作的深浅程度关键在于企业需求的多少。只有积

极主动地适应并满足企业业务增长的需求，才有可能实现成功的合作。在校企联合的过程中，高职院校应当针对企业运营过程中遇到的难题，迅速提供人力资源和技术的支援。同时，高职院校也应该对企业的进步提出建议，以推动其快速成长。例如，为了减轻企业培训过程中的负担，高职院校可以编写合适的教材，挑选优秀的讲师到企业内部开展职工非全日制培训，从而减少企业全天候培训带来的餐饮费、交通费等相关支出。

（三）校企互利原则

互利原则构成了商业市场的普遍法则，同样适用于学校与企业的协作模式。二者共同获益被视为学校和企业联合的基础。在这类合作中，各方都应作为受益方，只有基于公平互利的准则，才能确保长期且成功的合作。若无此基础，便无法达成有效的合作。为了维持并深化这种协同工作关系，学校和企业需要依据市场规则来操作，即寻找各自的优势，分享资源，承担风险。在学校和企业的教育实践中，一方面，学生培训过程中的“好处”主要体现在由企业决定人选、训练方式和录用结果；另一方面，学校的主要收益来自学生的学习效果提升、高就业率、更好的薪资待遇以及企业支付的学生保险费用等。在科技研发方面，企业通过使用学校提供的知识和人力，以推动其科技创新。同时，学校的科研成果也能为其自身的发展带来更多的机会，从而使研究成果真正地转化为实际生产力。

（四）统一管理原则

协作是双向的过程，其核心在于人才培育的共识、技术的创新共享、知识的需求一致性，这些都构成了参与者的共同愿景。高校和企业应该以人才策略为基础，开展合作并互换资源，设定培养出符合需求的人才这一共同目标。两方的权利和义务需达到高度的一致性，包括领导层的管理、计划制订、执行监督、评估考核等环节，都需要协商一致，这样才能维持深度且持久的合作关系。只有坚守上述原则，才能达成教师教授与学生学习的良性互动，使理论学习与实践操作相融合，让理论知识适应企业的技术需求，同时实现理论知识在企业中的实际运用。这有助于实现理论与实践教育的一体化，促进学校和企业合作的双向成功，使得学校的毕业生有更多的就业机会，而企业则能获取大量的高技能水平员工。

（五）校企互动原则

“双向交流”并非仅指企业与高校之间的单一支持，亦非高校对于企业的过度依靠，它是一种通过交互以实现两方之间的影响及反应的模式。“互惠互利，良性互动”是构建健康且稳固的协作关系的通用准则。各方应基于彼此间的信赖和理解，形成互利共赢但各自独立的健康互动关系。当一方给予另一方的支援不够或者一方对另一方的依赖过度时，这种形式的合作通常只能在特定环境下发挥作用，无法保持长期稳定。“双向沟通”的主要角色包括大学和企业，前者负责输送人才，后者则接受人才，两者紧密联系且共同进步。企业用人部门反馈给高校关于技术需求的信息。若此种信息能够融入教育计划，并且该教育计划得以实施，那么企业用人的部门就能持续获得满足其要求的实用型人才，从而推动企业的成长。

（六）市场导向原则

作为一种关键的外部驱动力元素及重要准则，市场对于高职院校和企业的协作至关重要。无论是高职院校还是企业，都应直接面对市场的挑战并在其背景下制订策略。校企合作应该建立在市场需求的基础之上，以市场需求为标准衡量社会福利和个人财富的重要性，最终的目标是以最高的效率达成个人和团体的共同繁荣。企业的成功与否取决于能否适应变化无常且充满激烈角逐的市场，而非能否在一成不变的环境之中生存下去。为求成功，企业不断寻求科技创新，以提高产品质量、降低生产成本、创造新的设计风格等手段赢得更多的客户群体，增加销售额，提升品牌形象，增强自身竞争力，确保长期稳定的发展前景。因此，企业对于高端技能型员工的需求不断增长。高职院校的教育应以满足市场的实际需求为导向。在这个充满激烈竞争的市场环境中，高职院校更应该注重培育具有针对性、实践性的优秀毕业生。高职院校和企业的联合发展并非单方面的任务，也不可能仅依赖政策命令就能达成目标，必须基于两者的共同利益来构建。

二、产教融合背景下校企合作树立共同的价值追求

为了实现全面的社会化进程，不仅需要具备高水平综合能力的人员，而且需要培养能保护国家和人民利益的人才。

（一）学校加强对实践教育过程中思想政治教育的关注

“伴随着中国高等教育改革向纵深推进，完善大学治理结构、构建中国特色现代大学制度，成为深化高等教育领域综合改革的一个战略重点。”①经过大量的理论探讨及实践经验总结，由高校与企业共同培养人才的方式可以塑造一种独特的产教融合的教育生态，它能为教育行业带来巨大的影响，无论是对企业的成长、教育质量的提升还是国家繁荣来说，都具备卓越的实施价值。在高校实行产教融合的过程中，还需要更加注重思想政治教育。

1. 以长远的眼光发展教育

在历史演进的过程中，教育一直占据核心位置，尤其是在当前科技飞速发展的时代背景下，其重要性和影响力更加显著。“道为根本”是中国传统文化的优秀哲学理念之一，强调品行修养和人格塑造的重要意义，表明了思想政治教育的关键性。高校需要用前瞻视角推动教育进步。纵观历史，从20世纪90年代起，校企合作就为中国社会主义建设提供了一大批优秀人才。事实证明，学校和企业共同培养人才具有有效性。

高职院校应强调在实践中开展思想政治教育的重要性，积极寻找优秀的企业并与其合作，以创建实操性的学习环境。从长远来看，成熟理性的思维被视为学生步入社会的关键标志。高职院校通过与企业的紧密结合来渗透思想政治教育，可以迅速识别学生的思维转变情况并解决问题。这不仅提升了培训学生的水平，而且给企业带来了新动力。

2. 提高对实践教学的重视

相较而言，我国对于教育的重视更多地体现在理念传递上，而非直

① 蒋达勇．政治、学术与生活：中国大学功能与结构的重塑［J］．高教探索，2020（10）：5–12.

接的教育过程本身。思想政治课往往将理论知识以积极的方式呈现给学生并强调其重要性，然而这种模式可能导致一些问题，如过分侧重大众化的观念传播及缺乏针对个人需求的设计，使得课程的内容或形式显得僵硬且脱离现实，让部分学生感到无法产生情感共鸣。因此，有观点认为，当前存在“思想政治教育过于理想化、教育内容方法固化”的趋势。思想政治教育是中国共产党的优良传统，每个人都必须提高对思想政治教育实践性的认识。高职院校应意识到思维形态塑造的过程是充满活力且富有成效的。为了实现这一目标，高职院校不仅要让学生在课堂上学好相关知识，而且要让学生将理论知识应用到实际行动中去，这样才能真正达到育人的目的。同时，高职院校要注意营造符合社会发展要求和社会价值观的环境，激发学生的内在动力，培养他们的责任感和使命意识。此外，高职院校还需要利用企业提供的机会为大学生创造更多的实习机会，更好地促进他们在日常生活中运用所学知识并将之转化为行动力，促进自我成长和个人价值的发展。

（二）企业应当加强对大学生思想政治素质的培养

企业是社会的重要组成部分，社会则是企业的利益来源。作为一个重要的社会元素，企业不仅生产了大量的产品，还致力于实现自身的最大经济效益。这要求社会提供良好的商业生态环境以支持企业成长，良好的商业生态环境也在促进社会进步的过程中发挥着关键作用。企业的竞争能力也受到它的企业文化的影响，坚定理想信念可以稳固基础并提升实力，具有强烈社会责任感的企业更易获得公众信任。所以，为了确保企业的高速、持久且稳定发展，企业必须调整思维方式，积极履行社会职责，在产学结合的环境下实施思想政治教育。

1. 明确承担社会责任的意义

当今，人才培育供应端及行业需求端并未完全匹配。随着教育的飞速发展，高校对思想政治教育融入课堂、思维方式、实践的研究正在逐步开展。就企业本身而言，其需要积极履行社会义务，主动加入这种联合教育体系，与学校共同构建一种协作式的教育模式。企业应深入参与教育改革，全方位地参与课程规划、实习训练、期末评估等环节，视自己为教育的主导者。借助与高职院校的合作，企业把高校研究中心的技术创新转化为工业应用科技，以此提升其科技实力，持续推进行业的转型升级。在学生实习阶段，企业为学生提供技能培训和价值观指导，为其未来的工作生涯做准备。“从伦理角度考虑，提高企业社会责任可以提高企业的声誉。企业的盈利能力与其声誉形成正比。”①企业积极参与产教融合，可以推动科学研究与商业领域的交互作用。通过技术的更新换代，可以节省资源、减少开支、减轻污染，同时也能促进全面素质人才的发展。

2. 落实大学生思想政治教育

国内经济发展和社会进步迅速推进的同时，教育领域正遭受来自外部的多样化文化及各种观念的影响。同时，各行各业也在迎接科技创新带来的一系列机会和挑战。在此背景下，为了推动产业和教育的深度结合并提升自我抵御潜在危机的能力，企业需要更加重视其在教育中扮演的角色，并且有义务担当起相应的社会职责。这不仅有助于拓宽学校的教育视野，还有利于企业的长远发展。通过利用自身的完整生产链条及独特的组织结构来影响学生的技能培训和个人素养培育，这是非常重要的方式之一。企业内部人脉网络丰富且充满活力，拥有多种不同的价值取向和生活理念，能给学生的精神成长提供丰富的素材，并对学生的思维模式产生深远的启发作用。企业还应该更进一步地加强同高职院校之间的交流互动，确保尽早了解大学生的心理状态，并且在必要的时候给予指导，帮助学生在正确的人生道路上前行。

① 李韵石．企业社会责任法治化的重要意义［J］．人民论坛，2016（33）：79-81.

第三节 加强高职院校师资队伍建设和教师思想政治工作

一、全面加强高职院校师资队伍建设

（一）加强“双师型”教师队伍建设

优化师资配置对于促进高校与企业的协同发展有着关键作用。首先，需要增加实践经验丰富的教育者，同时限制非教学人员占比。其次，要提高内部讲师和外部专家教授的比率，相应地减少理论授课者的占比。建立合理的教师配比模式，对高职院校的产学研一体化至关重要。为了达到这个目标，高校应从根本上改革人事管理的策略，既需要纠正以往过于关注求职人员的毕业院校和学位等级的错误，也需要重视聘用行业内的优秀人才担任兼职教师，以防止频繁发生“毕业生跳槽到另一所学校”的现象。再次，高校可以设立新的规定，要求所有刚加入的成员必须先去企业实习一段时间，以此来促进他们的理论知识与实践能力的融合。最后，各科系应该重新分配教师资源，鼓励更多具有实战经验的企业人员参与教学工作，这也是一种校企联合行动的方式。

对于能够构建“双师型”教师团队这一任务，高职院校应负主要责任，将其视作学校持续进步的关键要素之一。高职院校培育人才的品质竞争力中一部分取决于“双师型”教师团队的能力，因此加强“双师型”教师团队的建设对于高职院校来说至关重要。为了提高“双师型”教师团队的能力，高职院校需要完善教师的培训考核、职称评聘、工资晋级、职务升迁等方面的制度，应优先考虑具备高级专业技术资质的教师。同时，还需要设立激励措施，推动教师前往实际工作环境获得实习经验并取得职业认证，并且为专门从事教学工作的教师提供特定的财政资助，以便他们在实际工作中进修。此外，高职院校也鼓励教师参与由行业组织主办的技术竞赛活动，让其在理论知识和实操技巧相结合上寻求创新突破，进一步增

强高职院校的教育实力。

因为高校单独提升“双师型”教师团队实力的方案存在缺陷，所以要想优化高职院校的教职工构成，企业需承担起相应的职责。许多行业的企业拥有众多才华横溢的技术专家，他们的价值不仅在于为企业创造利润，还在推动行业发展和科技创新方面发挥着关键作用。因此，除了特殊行业或者包含商业机密的技术知识，这些技能应该被视为公共资源。想要构建一支优秀的“双师型”教师团队，仅仅依赖学校自身的环境和能力是不够的，还需要利用企业的优势来培养教师，通过企业提供先进的设备和技术支持，让其担任专业的顾问委员、兼职教授，甚至以共同研究新的技术突破或创新项目等方式，丰富高等职业教育的专业师资队伍，以实现提升教师素质、提高人才培训水平的目的。

（二）培养企业实习教师的政治思维和道德修养

尽管在产教融合的教学方式中，高职院校的教师仍然作为教育的主要力量并保持着他们的角色，但是他们已经不是唯一的教育元素了。因为来自企业的相关人员也被纳入这个领域，成为另一个重要的教育元素，这使得原本单一的教育模式被打破，并且在这个阶段，企业实习教师的教育主导地位可能更为明显，会产生更大的影响力。因为学生在学校和企业的联合培养过程中，大部分时间是由企业实习教师来指导的，因此企业实习教师的教育主导因素正在逐步增加。由于高校与企业的联系日益紧密，企业实习教师的素质变得愈发关键，因此提高企业实习教师的素质已成为紧要任务。

1. 提高企业实习教师的格局

企业教育工作者的技能水平对于培养人才的效果有着决定性的作用，他们的视野也关系着他们在实践中的积极性和主动性。然而，许多企业教师并未深刻理解产业与教育如何结合才能为企业的发展和社会进步带来长远的效益，也没有真正领悟到它的意义所在。因此，一些企业教师未能履行好指导学生实践学习及思维启迪的责任。为了提升产业与教育相结合的教育效果，需要开阔这些教师的眼界和扩大他们的认知范围。

一方面，增强企业实习教师的格局意识。教授思想政治课程不只是针对大学生的，教师在授课过程中也会得到启示。企业实习教师在进行思想政治教育时，能够增强其自主性、独立思考和自我管理能力，从而提升自身的全面素质。

另一方面，增强企业内部员工的教育职责意识。因为他们是实践中的主要执行者，而工作态度就是他们的基础所在。企业可以采用开办专题研讨会、系统化的培训课程、团队式扩展练习等方式，增强他们的教育职责意识。此外，企业也可以利用适当的物质激励与精神表彰的方式，激励这些员工在实施学校教育的过程中把思想政治理念贯彻到底。

2. 提高企业实习教师的能力

教师既需要扎实的专业知识，也需要高尚的道德品质。教师的主要职责包括传授知识、方法和传播思想。其中，知识是针对教师的知识基础及亟待改善的知识内容。在产教融合的过程中，企业实习教师作为实践教学的核心，他们的专业知识和道德素养显得尤为关键。

一方面，企业在选择实习教师的时候，应避免有固定不变的观念。因为社会环境在不断变化，科技也在持续进步，所以应该灵活地调整实习教师的人选。企业需要从那些具有实践技能的高级职员中选拔出实习教师，定期对其进行专业知识的教育及评估，以确保实习教师的质量得到有效保证。

另一方面，开展提升企业实习教师思想政治品质的教育。在这个阶段中，实习教师的思想政治水平会直接影响到学生思想品德的发展，影响到他们对于思想政治教育的理解和态度。虽然这些实习教师具备专业的职业能力，但是他们在思想政治教育方面的经验仍然不足。因此，作为实践教学的主要参与者，实习教师应该积极投入思想政治教育工作中去。选任实习教师的时候，也应当着重关注其思想政治修养，挑选那些既有才能又有良好品行的员工来担任这个职务，以推动思想政治教育活动的开展，持续深化学生的道德意识，进而提升产教融合的效果。

（三）推动校企教师合作团队融合建设

要想推进学校的产业教育一体化进程，必须拥有一支卓越的教师团队。这些优秀教师不仅能激发企业的合作意愿，而且他们的潜在经济价值也能为企业带来实际利益。然而，当前学校和企业并未深入结合，也没有积极开展教育教学团队的联合构建。这种状况严重制约了产教一体化的进步，影响了教育质量。因此，推动高校和企业思想政治教师团队的协同创建对产教融合的发展至关重要。

1. 重视双方的优势互补

由于场所选择、培训方法及内容的差异性和独特性，高等教育的思想政治工作呈现出多样的面貌。在高校与产业结合的过程中，高校和企业都需要承担对学生的责任并积极参与到课程设计中去。这种教育理念旨在提升学生实践技能和生活素养，致力于塑造实用型的毕业生群体。鉴于此种新型教育教学策略的需求特点，高校需要充分利用学校的知识储备和社会企业的实操经验来优化授课的过程，以实现更高的目标，即推动大学生的道德建设进程。

一方面，高职院校必须吸收和学习企业的卓越文化和价值观。企业能够在激烈的市场竞争环境中立足并保持竞争力，这不仅仅依赖于其长期的策略规划，也取决于企业所拥有的出色的组织文化，如创新精神、团队协作等。这些元素都与高校教育的主题有许多共通点。为了确保合作培养人才能获得长久的成功，建议高校可以从企业那里汲取优势文化，并将其融合到课程设计之中，从而为后续的企业实训活动打下坚实的基础。

另一方面，企业需要借鉴学校的学习方法。历经多年演变的教育体系已经形成了诸多高效的教学策略。尽管企业的实践经验丰富，但是在教育领域仍需向学校取经，如通过讲授理论、课后的评估和优秀案例激发大学生的热情等，还要提升思想政治教育的吸引力和影响力。

2. 加强双方的紧密协作

在推进产教融合的过程中，成功地把思想政治教育纳入其中，不仅拓展了思想政治教育的平台，而且为它带来了新的发展方向。同时，这也使得参与者更为多样化。无论是学校的教师还是企业的实践指导员，他们在教学中都起着关键性的作用。然而，由于生活环境、文化和职业观念各异，他们的教学方法与态度也将有所不同。面对这样的多种角色，教育教学任务显得尤为艰巨。

一方面，增强学校与企业培训的针对性和有效性是关键。为了实现产学研一体化的长期进步，需要鼓励院校及企业之间互动沟通，商讨课程设计和规划。高等院校应强化对学生的价值观培育，特别是职业伦理观念的教育，以提高他们的职业素养，减少企业承担的人才培养责任，从而为产教融合奠定坚实的基础。同时，企业也需坚守“首要的是品行”的原则，并且在实践训练中融入价值导向教育，以此激发学生思考。

另一方面，深化学校与企业的对话与交流。人力资源部可形成持久性的协作联系，搭建起一个相互交换意见的互动平台，让教师有机会分享彼此的教育理念并加以探讨。同时，应提高两者之间的接触频率，尊重对方的观点，全面理解对方的看法，有效地推进思想政治教育工作。

（四）强化网络思想政治教育工作队伍建设

构建一支专门从事网络思想政治教育工作的团队，是高职院校与企业实践教师精神文明建设的全新领域。自从互联网技术问世后，它的快速发展令人震惊，其不断涌现的新特性也在推动人类生活及学习模式发生颠覆性的变化。尤其是随着其影响力日益增强，互联网已逐步成为当代科技创新的重要标志之一。在网络世界里，虽然通过电子设备和“比特”创造出了独特的存在空间，但是也产生了许多互联网无法自行解决的问题。因此，如同实体社会那样，虚拟网络社会的成长同样需要精神文明教育的参与。

当思想政治教育的任务转移到互联网时，我们不得不面对一项全新的且亟须应对的挑战：如何构建出网络时代的高职思想政治教育团队？为了解答这一疑问，高职院校与企业需要增加对学校教师和企业实践指导人员思想政治教育的投入，积极地开展网络思想政治教育并挑选、建立、培训一支具备坚定信念、熟练掌握网络技能、了解年轻教师的心境、能有效利用网络资源的网络思想政治教育团队。这支团队应该由学校的党委宣传部门、行政办公室、教育科技中心、党委党校、学生会、职工协会及各个教学单位的网络管理人、网站的管理人和负责人员构成。此外，高校和企业必须充分利用专门的团队，引领、主导和推动网络思想政治教育的工作。

二、重视和开展高职院校教师思想政治教育工作

教师的培训是激发教育团队活力的源泉，高质量的教师群体是推动教育发展的基础。特别是年轻一代的教师，他们不仅是实现产业与教学相结合持久发展的关键保障，还是职业院校思想政治教育工作的执行者。因此，必须重视高职院校教师的思想政治状态，积极开展对青年教师的思想政治教育工作。

（一）对青年教师实施思想政治教育工作的意义

首先，这是实行“人才强国”战略的需求，有助于提升现阶段高等职业教育者的品质、实践技能及创造力。“人才强国”战略被视为全面贯彻科学发展观的关键步骤。伴随着高校教育迅速发展，高等职业院校年轻教师已经成为学校教学、培育学生、研究与管理的核心群体之一，只有立足全面建设社会主义现代化国家的远大愿景，培养并塑造一个具备良好政治理论素养、强大的工作和创新能力，以全球视角看待问题、面对激烈的世界竞争、追求现代化未来方向的年轻教师群体，才能实现国家期待的人才不断涌现、人人都能发挥自己的长处、充分发挥自己的作用的愿景，进而以此作为实现中国梦的人力保障和智慧支持。

其次，国家有着培育中国特色社会主义建设者的需求。高职院校的所有科目都有着塑造人类灵魂的功能，所有的教师都需要承担这个责任。年轻的专业人士构成了高校教师群体的一个重要分支，他们个性活泼开放，思考能力强且反应迅速，能快速适应新的环境并善于与学生交流。因此，年轻人往往更倾向于成为这些教师的知己，这些年轻教师的观点和行为会对学生的价值观和人格的发展产生一定的影响。由此观之，充分利用他们的教学能力和榜样作用有助于坚守社会主义的教育方针，有助于弘扬中华优秀传统文化的精髓，也有助于学院培育出优秀的社会主义建设者。

再次，可以聚集青年教师精神，提升其职责观念，奠定教育的基石。通过对高等职业院校年轻教师开展思想政治教育活动，持续强化他们的责任感、任务感及自我主导意识，保持并发展教职工团队，积累与培育后续人才，汇聚能量、联合行动、共同努力，为学校的发展和创新供给强有力

的推动力。

最后，能够准确把握并遵循校方的决定，达成一致意见，共同追求教育梦想。通过针对高职院校年轻教职工开展的思想政治教育活动，可以让他们更加深刻地认识并接受学校的政策与规定，主动投入学校的管理工作，以达到全体师生团结一心、同舟共济的效果，即汇聚众力以成大业。

（二）对青年教师实施思想政治教育工作的方式

1. 岗前培训班

对于青年教师来说，入职前的培训课程是掌握学校情况最快的方法。这可以让他们对学校的整体情况有更深刻的理解，包括其文化和价值观、学习氛围、发展历程、管理规定及教育者的职业操守等。所以，校方的人事部门应该高度重视每年新生代教师的入职培训项目。

首先，需要制定针对新入职员工的教育材料。在此过程中，要深度挖掘学校的历史背景与核心价值观以形成独特的课程体系；同时，确保这些资料能够满足各个校区的需求且具有实践价值。其次，要对培训内容做出合理的设计：基于已有的基础信息来构建学习计划，包括关于伦理规范、机构发展历程及目标愿景的学习等一系列相关主题。最后，精心安排培训的主讲人。岗前培训的主讲人必须具备丰富的经验，并且能胜任这个角色。比如，可以邀请高校的管理层干部或者优秀的年轻教授参与其中，甚至还可以考虑让一些富有热情的学生导师加入进来分享他们的见解或经历。

经过一系列培训课程，年轻教师在开始职业生涯时就能深入理解学校的文化底蕴和学校全方位的历史情况。这不仅可以提升他们对学校的认同感和自我主导意识，还能让他们尽早融入学校大家庭。

2. 学习活动室

首先，应依据各地的具体情况来建设合适的教学场所，以满足各类专业的年轻教师对政治理论教育的需求，并且为其提供及时更新知识的场地。其次，要用心规划这些教学空间，确保其内容丰富且实用。可以把党章和其他相关文件放在其中，供他们在空闲时阅读，这样既有助于他们了解党的基本理念，也能让他们更深层次地理解党的发展史及策略路线等重要信息，进而提高他们的政治理论修养，为培养下一代人才提供强大的政治指导能力与精神动力。再次，要积极推动学校内各部门间的互动交流，以提高彼此间的学习效果。同时，也要鼓励不同单位的人分享自己的优势，共同探索有效的学习方法，进一步提高年轻教师的政治理论能力。最后，采用科学的研究方式，评定一些优秀的教学场所，然后对其进行资助和项目扶持，增加在政治理论教育方面的投入产出比。

3. 网络信息平台

首先，应当充分利用网络多媒体的实时交互平台。积极推进网上思想政治教育，可以尝试将党校教育搬到线上或者创建一个生动形象的多媒体德育软件，直接在线使用。这样就能够让思想政治教育工作与网络技术达成有机融合。

其次，利用社交软件。比如通过创建个人博客，充分运用互联网教育的空间优势。这些工具可以有效地将学校的规章制度及政策传递给年轻教职员工，使他们了解相关情况并由衷感到自己是学校的一分子，从而拉近他们的关系，消除误解，实现高效交流。这是一种对于直接的人际交往方式的有益补充。

最后，需要强化互联网文化的构建，确立正向的信息引导。虽然科技发展使得网络成为日常生活中的重要组成部分，但我们也应意识到其潜在的风险：网络既可以带来便利，也可以造成混乱。因此，要想有效利用这个工具，高校需要进一步加强网络文化和网络伦理的教育，占据网络领域的制高点，建立起正确的信息传播导向，充分展现网络平台的优势，防止年轻职工被虚假消息所迷惑，从而推动高职院校年轻教职工思想政治教育工作的发展进入新的阶段。

（三）对青年教师实施思想政治教育工作的思路

1. 与学生思想政治教育工作有机结合

（1）制定青年教师担任学生班主任制度

这可以鼓励他们深入理解并积极投入学生的思想政治教育工作中去，如指派他们在某个班里作为班主任，去指导学生的道德、知识、身体、艺术等方面的成长与发展。这种方法既有助于更深层次地提升大学生的思想政治教育，也能促进年轻教师与学生间的互动与沟通，进而有效提升教育的质量，实现真正的教学互补。此外，通过承担起班级的教育和管理责任，年轻教师也能更好地学习相关的思想政治理念，增强自己的政策意识，提升自身的政治素质。

（2）深入开展“三联系工作”和班导师制

深度推进“三联系工作”并落实班导师制度，以有效提高高职院校及专科院校年轻教师的思想政治素质。“三联系工作”是指校长要对接系部，部门负责人需负责对应的班级，学科教师应直接关注特定的学生个体。对于未被分配为学生指导教师的其他年轻人，会被要求承担“三联系工作”并担任班级的辅导员。这些年轻教师所接触的学生主要是学习困难或有心理问题的学生，这无疑是一个巨大的挑战。因此，为了实现教育的目标，他们必须利用自己的示范效应、优秀的教学观念、耐心的教育方式、崇高的师德和正确的方法，影响和转变这个特殊的群体，从而促进他们的成长并使其发展成为优秀的大学毕业生。实际上，这种经历在一定程度上也能提升年轻教师的思想政治能力。

简而言之，将年轻教师的思想政治教育与学生的思想政治教育融合，可以说是互利共赢，应当得到充分推广。

2. 与职业发展相结合

依据具体情况，高校可以推行导师制度。这意味着从学校、部门及专业的教育研究机构选出优秀的中年或老年教师与年轻教师一对一地建立联系，他们既是教育的导师，也是生活的导师，以此来充分展现中年或老年教师传承知识和技术的能力。协助年轻教师，不仅需要关注课堂上的表现，还需要关心他们在生活和人际交往中的进步。中年或老年教师有义务把支持年轻教师、关爱新人视为自己的职责，身体力行，用开阔的心境和满腔热忱助力年轻教师迅速成长。与此同时，年轻教师也应当谦逊地向这些前辈学习。因为这些人拥有丰富的职场经验和生活智慧，无论是在教学能力还是在品格修养上，都值得年轻教师学习，他们的个人成长历程对于年轻教师的未来发展具有重要的参考意义。此外，中年或老年教师需要主动引导年轻人制订合适的职业发展计划，确保年轻教师全方位成长。同样，教师在制订职业规划时，也需要深入了解自己，确立适合自身的目标，这个目标可以涉及学历、学位、职称等方面的发展，并且设定达到该目标的具体策略和方法，期待年轻教师在3～5年的时间里能够逐渐成为校内的核心成员和主力军，不辜负学校的栽培，为学校未来的持续发展做出更大的贡献。

3. 与社会实践相结合

首先，需要坚定执行年轻教师的社会实践训练体系。要制订并且优化系统化方案，让年轻教师参与到社会实践中去，以此引导他们走向结合社会实践的教育之路，从而为国家的高等教育体系培育更多具备“双师素质”的优秀教师。

其次，需要定时或者不定时地让年轻教师参与社区的服务项目与实践任务。在新环境中，依然要继续鼓励他们去乡村地区参与农业科学教育及技术援助等相关实践工作，同时也要根据他们的专长来分配适当的工作，让他们在高校实验室里进行实践训练，甚至可以考虑把他们派遣至相关的企业或机构进行实习体验。

再次，通过深度参与实践，让年轻教师对社会环境和高校状况有更深入的理解，掌握企业、行业的发展趋势。让他们将自己的理论知识应用于实践，以此来检验并提升自身的思维认知能力，同时也在锻炼和提高他们自身动手实践技术的水平。

第四节　探索高职专业课程内容思想政治化创新

一、高职专业课程内容思想政治化创新的本质

高职专业课程内容的思政化创新，其核心是通过调整或优化课程的内容来实现思想政治教育的目标。这意味着需要从课程内容的基本构成及其实现的思想政治价值出发，深入发掘融入其中的思想政治因素，将其与课程内容结合，从而达到提升课程内在的教育性和培养效果的专业性的目的。所以，高职专业课程内容思政化创新的本质在于如何有效地利用各种

资源，实施潜移默化的教育方式，同时注重实际应用能力的培养。

（一）高职专业课程内容思想政治化创新是一个整合资源的过程

对专业的学科知识进行思想政治教育改革，意味着要从各个方面寻找潜在的思想政治因素，根据其目标来确定合适的结合点，将其与专业学科的内容结合，实现思想政治教育资源与专业教学资源的融合。充分发挥专业学科知识的教育作用，就是要把发掘出的思想政治因素自然地渗透到学科内容里，使得两者之间的关系变得紧密，让思想政治教育资源和学科知识有效地结合在一起，构建出一个完整的体系，从而达到明显的教育教学效果。

（二）高职专业课程内容思想政治化创新是一个隐性育人的过程

在专业课程中融入思想政治化创新，拓宽了学生提升思想政治素养的途径。高职学生的思想政治素养由思想政治教师和专业课教师共同负责，学生不仅在思想政治理论课上接受直接的道德教育，而且在专业课上接触与专业知识和技能相关的思想政治内容，丰富了思想政治教育的渠道，增强了思想政治教育的深度。专业课程中的思想政治化创新有助于正确引导当代青年的价值观。大学生正处于认知和判断能力提升及健全的关键阶段，网络和社会负面影响对他们的认知和价值观造成了冲击，使得他们的判断能力变得模糊，不利于其形成和坚定正确的政治信仰。挖掘和构建思想政治元素，如价值观、传统文化、政治信仰等，通过设计，在专业课教学中渗透，让思想政治内容以无形的道德教育方式存在，是引导青年价值观正确发展的一种途径。在专业课中进行思想政治教育，就是让挖掘出的思想政治元素渗透到教学内容中，实现专业课育人过程中的间接道德教育。

（三）高职专业课程内容思想政治化创新是一个专业育人的过程

对专业的教学内容实施思想政治改革，旨在强调其专长领域并充分发挥其主导教育作用。根据专业的人才培育计划中设定的专门课程，可以更好地理解要培养何种类型的学生，他们需要具备什么样的技能以适应工作环境和达到职位要求。将专业特点与学生发展目标结合，通过研究课程元素及其相应的内容思想政治改造目标，从而使这种思想政治革新更加符合学生的实际学业需求，进而塑造他们在职场上应有的职业态度，强化专业主要课程的教育职能，提高学生的专业竞争实力。

二、高职专业课程内容思想政治化创新的实现条件

（一）教师具备课程思想政治意识与能力

专业课教师是否拥有积极推动思想政治改革创新的意识完全依赖于他们的教育观念和技能。教师的课程思政意识是指教师对思政课程理念的理解。如果教师能够自觉阅读关于课程思想政治的相关文档并获取相应知识，对其核心含义有一个初步认识，那么他们就应该具备以独特的观点来解释课程思想政治相关的概念、性质、价值观及实施方法的能力，特别是针对高等职业教育的教师而言，他们需要深刻领悟到课程思想政治的核心在于其是一种革新行为，并且主要是通过课程内容的更新体现出来的。因此，专业课教师必须具有自我驱动能力，达到改造课程内容以融入思想政治元素的效果，掌握如何把课程内容转化为包含思想政治成分内容的方法，并为这种过程赋予意义。

教师的课程思政能力是指“教师进行课程思政设计的能力、课程思政实施的能力和课程思政评价的能力”①。高职专业课教师课程思政设计能力是教师对教学活动的整体规划能力，即制订教学策略的能力，其中包含课程思想政治的目标设定、课程思想政治的内容构建、教学方式的选择。课程思想政治的目标设定需要基于专业的毕业生标准和要求，并且考虑到具体学科的特点，确定学生应达成的思想道德水平的目标。在设置课程思想政治目标时，教师需要思考其是否符合专业教育的质量目标、是否有助于实现德育的目的等问题。课程思想政治内容的设计则是如何把已创建的思想政治要素融合到具体的科目中的过程，这是教师将这些新颖的思想政治元素同专业知识结合的一种方式。教师的关键任务在于有效地利用

---

① 蔡桂秀，冯利．课程思政能力：内涵、结构与提升策略［J］．伊犁师范学院学报（社会科学版），2020（2）：1-6.

现有的资源，去更好地开展课程思想政治工作并对课程内容进行有意义的改革。因此，教师必须找到合适的切入点，让思想政治因素渗透到课程内容里，这样才能防止出现德育与教导分离的现象，也就是所谓的“两个独立的部分”。

基础且核心的是那些可以支持并推动教育理念转变的关键素材，即思想政治教材，它们对于推进学科知识体系中的价值观融入至关重要；而这些价值观念必须反映出职业教育的特点，并且紧密联系具体的专业领域，才能真正起到有效的作用。因此，教师需要具备把理论转化为实践的能力，只有当他们的教导被学生接受、理解并在日常生活中应用时，才算成功。高职专业课教师的课程思政实施能力是在课堂上教师通过专业课程内容的传授，发挥课程内容及课程内容思政化后的育人功效，用专业课程内容及教师的自身魅力，完成课程内容思政化设计方案的落实，通过教师的课程思政实施，更好地达到课程育人效果。

（二）课程内容中丰富的思想政治元素

课程内容作为课程的载体，其中蕴含着的丰富的思政元素有助于保证教师利用专业学科的课程内容来实现思想政治教育目标。这些课程内容自身就具备专业的特性，因此，在挑选与整合的过程中，需要用到哲学、社会学和心理学等，以此为主轴构建整套课程的内容，强调课程的专业性质和人文特质。通过哲学的思维方式、社会的视角、心理学的理解，可以为这个领域的探索和实践提供必要的认知框架。教材则是这种认识体系的具体体现，它是在符合特定教学目的的前提下，依据一定的教学法则整理出的关于科技理论和技术知识的集合体，同时也是基于哲学、社会学和心理学等理论形成的。

以社会学为例，课程内容包含了主导社会的观念体系，而专业的学习则涵盖了习近平新时代中国特色社会主义思想、社会主义核心价值观等主题。科学发展的基本原理决定了课程架构的特点，科学研究通常会把科技应用于工业制造领域，因此，课程内容需要符合技术的实际需求，这样可以更好地让大学生理解并掌握科学理论、科学的方法论及科学的精神内核等政治教育要素。然而，社会文化的渗透影响往往不易察觉，它体现在高等职业教育的课程设置上，如强调传统文化、伦理规范等方面。

在选择课程内容时，教师应重视提升学生的内驱力、树立积极投入的态度、提高独立思考的能力等方面，这些都属于教材所包含的教育思政内容。因为哲学、社会学和心理学的核心部分都有深厚的思政元素，所以通过从这三个领域出发，选取并构建教学素材，能够使学科知识的专业特性与其中的人文精神和社会科学相结合，发挥课程内容的德育功能。

三、针对高职院校不同专业课程内容思想政治化创新的一般经验

（一）根据培养目标选择开设课程

通常情况下，理工科专业的学生和文科专业的学生在思想政治课的基础上存在较大的差异，需求也不一样。例如，相对于文科专业的学生来说，理工科专业的学生在历史基础上要稍显薄弱，这就为实施因材施教思想的政治课教学提供了机会。因此，在教学过程中，教师不仅要关注教育对象的共性发展状况，而且要关注他们的个性“需求”差异。只有了解大学生已有的思想政治课知识基础，理解他们的“需求”，才能真正做到因材施教。因需施教是因材施教内涵的延伸。一些高校已经开始按需设课、选课，以实现培养不同专业人才的目标。为了解决将教学内容融入不同专业教学的问题，教师可以从统一编写的教材中选取适当的内容作为选修课程，如世界观、人生观、价值观，以及马克思主义的信仰、社会主义和共产主义的信念、共产党的信仰等内容。思政教育也可以单独设为选修课程，让不同专业的学生根据需求选择课程。一些学校在实践中发现，有些学生根据个人兴趣和未来深造的需要，选择一两门课程学习后仍不满足，希望进行全面学习。然而，选课时间受到其他课程的限制，无法集中在一段时间内进行选择，他们希望在时间充裕时能够随时选课。

（二）根据学生情况确定授课内容

首先，要深入理解并评估教育目标群体，考虑到每个特定领域的学生基础水平及个人特性，以便能够充分满足他们的各种要求。其次，要依据他

们各自的专业背景和个人经历来制订合适的课程计划。同时，要确保在讲解过程中尽量简洁明了且易于接受，避免过于复杂或深奥。注重实操性的原则是必要的，因为它更贴合大学生的需求，并且能提高其学习的积极主动性。再次，要注意各个领域的具体特点，对于那些原本跟现有教程关联不够密切或者较为困难的地方，应予以删除或是简化处理。最后，要适当补充一些新颖有趣的学习材料，如模拟场景，这样可以增强课堂内容的吸引力，以提升教育的针对性。还可以专门给经济类学院学生加入有关财务法则的相关知识点，作为一种独特的教授方式，以此突出该学院的特点。

（三）根据专业情况选择教学方式

当教师接收到教导责任时，他们需要深入理解并评估各个专业的培训计划，明确其职业发展方向、所需技能、课程设置等。同时，教师要密切注意各领域教育的共同需求，以便制订出合适的教学策略，适应学生的全面成长。教师通过设计一些涉及日常生活的课题或者实践项目，鼓励学生探索那些让他们好奇或是困惑的话题，激发他们的创造力和促进实用技巧的发展。

（四）强化教师自身与专业知识的整合

教师应该主动提升自己的精神品质和政治素养。只有具备坚定的政治信仰与立场，他们才能抵御当前多样化的文化影响及不同的价值观念的冲击，确保他们的世界观、人生观、价值观、生活态度和信念是正确的，才能为学生提供关键性的指导。随着信息化社会的到来和知识型经济的发展，教师需要持续丰富自身的专业知识储备，提升个人技能水平。高等职业技术教育的目标在于培育具有实践能力的人才，因此，高校思想品德课程的教师应深入地理解学生的专长领域，以便更好地针对这些领域开展教学活动。此外，为了满足社会对于人才的需求，高校还要重新构建教育教学系统，强化其中的职业特点，以此满足社会需求。

第五节　创造良好的社会、学校、家庭思想政治教育环境

一、政府及公众媒体要积极建立正确的价值导向，培育社会主义核心价值观

为了推动高职院校思想政治教育的进步，政府应积极参与相关领域的创新发展并为其创建良好的发展环境，增加相应财政支出以促进其发展。例如，对于那些致力于探索思想政治领域科学课题的研究项目，政府应当予以适当的支持；同时，也应建立专门用于资助这些项目的基金，特别是那些在大学生的思想政治教育方面取得显著成就的项目，可通过颁发奖学金来激励他们。此外，各地方政府还需要设定专项拨款，进一步完善高校图书馆和社会文化中心等基础设施的建设。

政府应当营造健康的社区氛围，推动公共意识转化为有利于社会的行为模式，塑造尊重伦理与善良的行为理念并将其理念推广至全体人民之中，以此强化中国特色社会主义核心价值观并将其实施渗透进民众的教育体系内，将“富强、民主、文明、和谐”作为我们共同追求的宏伟目标，共同营造一个“自由、平等、公正、法治”的和谐社会，把“爱国、敬业、诚信、友善”作为公民个人的道德准则。此外，选择一些贴近生活的例子并通过公关媒体在互联网平台进行广泛宣传，有助于提升人们的辨别能力并培养公民的义务感和责任心。借助关键群体的力量（杰出的模范人物），可以进一步加强大学生对于正确的世界观和生活态度的学习理解，促使大学生的成长发展过程更加顺利。与此同时，大力表扬那些做出表率的人，并对不良现象予以严肃批评或做出惩罚，让优秀的品质变成学习借鉴的目标。

如果仅关注经济发展而忽视社会的和平，那么社会的发展均衡将会受

到影响。对于社会中的腐败行为应勇敢地揭示并批评，为学生的学习提供有力的案例。通过积极推进文化的进步，可以为高职院校学生营造出优质的思想政治教育氛围，进而推动社会文化和教育的繁荣发展。

随着信息技术与互联网的高速发展，高职院校有必要充分运用其优势，推动高职院校学生思想政治教育的发展进步。由于高职院校学生对文化的感知非常敏锐，许多新的观念往往会以网络传播的形式被在校生了解，因此，政府需要加强对网络行为的管理，为学生创造一个优质的网上环境。

二、学校要采用多样化的方法，创造良好的德育环境

（一）促进思想政治理论教育方式的多样化

通过调整传统的教育策略以促进多元化的学习途径是可能的，这需要大学生积极投入思想政治课程的学习过程之中，提升其对该学科内容的兴趣及深度理解力，使他们能够从大量的资讯里吸收并掌握核心内容。教师要教导学生从马克思主义的角度思考问题，引导他们在解决问题时结合现实生活的实际情况，这样既可以让他们获得有关概念性的认识，也能为他们未来的工作和生活提供指导。

为了使思想政治教育的方式更加多元化，教师可以通过各种途径，如举办主题演讲、开展学术讨论会和邀请专家参与研究等方式，吸引学生的注意力并激发他们对于当前社会经济议题的兴趣。这样可以让他们更加深入地理解这些复杂的问题，也能使得原本显得乏味无趣的课堂教学变得更有趣味和活力。

（二）强化学校文化的构建，营造优质的教育氛围

思想政治教育的实施并非独立存在，而是需要结合到课程设置、行政管理和课余活动中去。所以，对于大学生的思想政治教育应全面渗透到所有教育教学环节中。人的思维方式、行为习性和语言表达方式会在无形中受到周围环境的影响而发生变化，高校在给大学生做思想政治教育的时候，需要创造出一种积极的教育环境。这可以通过校园内的许多领域来实

现，比如，每所大学的创建史及其发展历程都是独一无二且充满挑战的，这些经历可以被融合进其校训里，让学生牢记并发扬光大。

在构建学校文化的进程中，所构建的文化需要反映时代的变迁和社会的进步，把社会主义思想元素融合进去，同时也要彰显专业的特点。比如，可以设置专门区域让学生在学校的大厅或课堂里学习最新的法律知识，或者在教室的墙壁上悬挂相应专业的著名人物的格言；等等。

（三）充分利用社团在推进思想政治教育中的积极影响力

与高中时期相比，大学的闲暇时光更为充裕，加入学校各类社团成为大学生丰富课外生活的首选方式。由于在校学生的数量不断增加，他们的社交圈子也在逐步扩展，因此，由寝室或班集体构成的小型团体对于大学生思维模式及政治观点的影响力正在降低，相反，诸如俱乐部、爱好小队等学生机构对其影响却日益凸显。这些团体不但充实了大学生的业余生活，而且在学校正确的引导和监督下，它们能够有效推动大学生思想政治教育的实施。

学校可以通过设置第二课程，把学生团体活动与学业成绩联系起来，以此提高大学生的课外实践参与度，并在实践中培养他们的竞争精神和锻炼团队合作能力，让来自各个领域的大学生能在互动交流中学有所得、互相学习，进而使得他们能把思想政治理论课程的内容融入日常生活，提升自己的品德素质。

三、家庭要营造良好的成长发展环境，树立正确的价值导向

家庭教育和学校教育、社会教育并称为教育的三大支柱。人类品格与道德观念的产生与发展主要源于家庭的熏陶塑造。在家庭教育过程中所强调的家庭成员间尊重长辈及关爱晚辈的行为方式是中华传统美德的重要体现，这些优秀的价值观有必要传承并将其进一步发扬光大。加强家庭教育，发挥家庭教育的重要作用，是大学生思想政治教育的重要环节。苏联教育家马卡连柯说：“你们在生活的每时每刻，甚至他们不在场的时候，也在教育着儿童。你们怎样穿戴、怎样同别人谈话、怎样谈论别人、怎样

欢乐和发愁、怎样对待朋友和敌人、怎样笑、怎样读报，这一切都有着教育意义。”可以看出，父母的言行举止和为人处世的方式对孩子产生了深远的影响。在我国，家庭教育常常被分为三个方面，分别是生活方式教育、品德教育和学习方法教育。

大学生的家教质量取决于其父母的综合素质能力水平，包括思想品格与知识储备、教学技巧及情绪管理等。为了达到提升家庭教育水平这一目标，父母可以借助书籍或网络资源来汲取丰富的经验并形成模范的行为模式，以此协助孩子们建立起良好的家风价值体系、合理的学习方法和良好的生活态度。这对于他们在精神层面的发展至关重要。同时，父母应避免过分重视智商而忽略人伦道德的教育误区，应该在培养过程中注重综合能力和性格塑造的均衡发展。此外，父母还须剔除商业化社会所产生的负面影响因素，努力营造出一种健康积极且充满爱意的环境氛围，培育孩子的世界观、人生观、价值观和人际交往技能。至于实施策略层面，在公平、自主下保持相互间的尊重和平等原则的基础上，开展有效的对话式指导工作（理性分析问题），并且利用好示范效应的力量，使其成为最有效的影响方法之一。

第六节　推进高职考评机制和管理机制建设

一、重视产教融合背景下高职院校思想政治教育考评体系建设

教育创新的趋势在于产教融合，其核心是以联合教学、共同培养和协同工作为主要路径。这一转变使得包括思想政治教育环境的各个领域均产生了变革。在新兴的产教融合背景下，高校必须推进思想政治教育管理工作评估系统的创新，以便推动其进步与发展。

（一）推动考评内容多样化

评估作为教育的核心部分和衡量教学成果的关键方式，对于任何一门课来说都是不可或缺的。相较于其他学科，思想政治教育更注重对学生

的理论知识传授以及良好行为模式的建立，其终极目标是激发他们用积极的态度参与到社会的实践中去。因此，这类课程有着明确的价值观引导作用，仅依赖试卷测试的方式无法全面反映出其实际成效，需要采用多种方法来进行评价。

1. 拓展多种形式考察

思想政治教育并非一次就能完成的工作，而是一个需要长时间且系统实施的过程，伴随个体的一生。因此，不应仅仅依赖于纸面评估结果来衡量学生的成绩，还应当推动多元化的评估方法，重视学生整体素质的提升。比如：可以通过日常课程的学习情况及在校生活状况等，加深学生的理解与认识；在期末测试时，试题设计可更加侧重于考查分析题目，以便更好地掌握学生的思想政治素养；可以让教师参与企业的实习活动，观察学生在实践操作时的言行举止，从而为学生提供相应的反馈。最终目标是利用笔试和实操两种手段综合评估学生的道德品质等级。同时，在推进产学结合的过程中，可以从多种角度评价学生，因为课本仅仅是一个教学的基础工具，而不是思想政治教育的唯一载体。为了确保学生能在知识、品行、技能等方面有所提升，高校必须拓宽视野，研究新的测评策略，创新各种评分的方法，使得整个评估体系更为立体、丰富。这样的评估模式能够引导学生摆脱过分关注理论知识的思维，转而关注其实际思想道德水平和能力的发展。有了这种全视角、多维度的评估机制，学校就能够准确地洞察出学生的思维转变方式，进而了解他们的思想道德水平。

2. 注重对教育主体的考察

在大学生的思想政治教育考察环节，大多数的研究侧重于从学生的角度出发。然而，教师的教育者角色同样至关重要，他们的思想政治修养也需要被重视并提升。对于产教融合中的师资团队构建，校企两方普遍存在着缺乏合理有效的绩效评价体系的问题。因此，为了解决这个问题，高校需要制订相应的评估策略，把思想政治教育的目标管理和流程管理结合起来，有效地管理思想政治教育活动。首先，高校对教师的考核不能仅关注教师发表的文章数量，而应该全面关注教师的专业知识、教学技巧、品德素质、实践能力等方面的表现。同时，所有涉及思想政治教育的工作者都需要接受系统性的培训，以提升自身的理论水平和责任感。其次，企业必须加速创建对实践教学的评价体制，这不仅仅是对技术教学的评价，还包括考察企业实习导师的思想政治教育工作的实施情况。让思想政治教育成为对企业的实习导师的考核标准之一，凸显其在整个职业生涯中的重要地位，同时也关注其实施的过程及其产生的结果，目的是通过这种方法来达到增强思想政治教育的效果，并且将其视为一种长期的目标，而不是短期的任务。

（二）推动考评主体多元化

随着社会的进步与经济的快速发展，全球化进程也在提速，信息的传播变得迅捷无比，各类社会观念的影响力也日益增强，这对于年轻一代的世界观、生活态度、价值取向的形成和发展产生了深远的影响，学生的成长环境愈发多样化。为了更深入地了解并掌握他们的精神品德状况，学校需要从多个角度来评估，扩大思想政治教育的考核范围，积极推动多方力量一同参与学生道德品质的评审过程。

1. 重视企业对学生的考察

在实施产教融合的过程中，学生的大部分时间是在企业中实习和学习中度过的。因此，在全面评估学生的各方面情况时，不能忽视企业对他们品行品质的考察。

首先，需要高度重视企业在培养学生价值观方面的作用。企业应制订一套关于对学生思想政治教育的评估机制，把思想政治教育和实践课程整合在一起，以科学的方式开展这些活动。人力资源部门应该尽快创建一种系统性的、全局性的评估方法，不仅要关注思想政治教育的过程，而且要注重其实施成果。思想政治教育活动的评估要从多个层面去考虑。合适的评估机制可以为思想政治教育系统的建设和良好运作提供强大的支撑。

其次，在衡量学生的思想政治素养的时候，企业应当重点观察他们在实习期间的态度、团队合作的能力、同其他学生或企业的员工互动等方面的情况，以此全面而深入地了解他们的思想政治水平。推动产教融合的学习方式旨在促进学生实现全面的发展，企业也需要依照此准则来全面评估学生的思想政治水平，并且将学生的思想政治素质评估结果反馈给学校。学校不仅需要依据企业的评估对学生进行针对性的指导，还应该把评估成绩作为学生评估的一部分，提高学生对实践学习的关注度。

2. 重视朋辈群体的评价

在这个以友谊和关爱为基础的关系里，每个人都享有平等的地位和权利，这使得他们的交流更加自由自在，也让他们能够毫无顾忌地展现自我。因此，一个人的品德修养会在这种环境下有更为深入且全面的体现。为了确保所有评估者都有机会参与到这个过程当中来，大学生应该把朋辈团体视为重要的评估者之一。尽管大学生的思想政治素养会随着他们在不同阶段的学习而有所变化，但是对于那些追求全方位发展的优秀人才并无改变。

针对社会进步对于人道品质的要求，大学生彼此评估体系可被划分为以下几个方面：首先，室友的评估。由于他们是最常与该大学生互动的人群，通过仔细观察他们的行为举止，能准确地了解他们在人际交往能力、责任感、诚信等方面所展现出的特质。其次，班上其他学生的评估。这种方式可通过组织团体活动的途径来实现，以此观测到个体是否具备团队协作的精神、参与集体生活的热情、对待同伴的友好态度、对他人的真实情感等。最后，同事的评估。这是因为在实际工作中，同事能够深入了解一个人的思维转变过程，从而展示出他在面临困境、挑战或诱惑时做出的直接回应。因此，高度重视朋辈群体的评估，有利于更为全面地掌握大学生的思想政治素养状况。

3. 重视大学生自身评价

首先，大学生应学会自我评估。这意味着他们必须对某个特定的事件或者观念持有明确的态度与看法，并且能清晰地表达他们的独特理解。在这个过程中，他们可以借助他人的解析来识别自身认知上的误区，进而调整和改进自身的想法。其次，大学生应具备自我批评的能力，即需公正客观地审视自我的行为习惯。特别是在那些不良的行为被提出疑问之后，要根据反馈进行必要的改进，以达到自我教育的目的。最后，大学生应该掌握如何自我鉴定的技巧。这就要求他们在道德品质及言论行动上做出辩证性的判断，既要认可和坚持自己某些优良特质，也要意识到还有哪些地方需要进一步完善，以此提高其思维能力和素养。

（三）推动考评结果科学化

随着职业教学与教育教学相结合的发展趋势日益明显，大学生课程结构变得更为复杂，学习内容更具挑战性；同时，思想政治课的教育任务也变得愈发艰巨。构建并优化评估系统及其运作流程有助于全面监管思想品德培训过程中的各个环节，及时提供信息回馈以供参考，并对其实施有效监督，从而提升该项活动的实际效果，推动它的标准化进程，助力大学生的综合素养得到进一步提高。所以，高度关注大学生思想品德培训成果标准化的实施情况及其所发挥的测评作用、指引功能等方面的价值体现是非常必要的。

1. 细化考评成绩

实施行动是实现理论理解转化为实际技能的重要步骤，而思想政治教育的特性决定了其实践特性。将思想政治教育融入社会的实践活动中，并将其纳入产教融合的整个流程，有助于推动学生更深入地认识社会和国情，磨炼他们的心志，强化他们的社会责任意识。产教融合提供了一个实践教学的环境，它通过对实际行动中的思想政治素养进行评估，揭示学生的思想政治素养、道德水准及敬业程度。企业的实践学习思想政治素养认定表格可以涵盖学生参与企业实践的学习态度、工作中展现出的态度、实践活动中的表现等方面的情况，也能展示出他们在执行企业规定、尊敬企业导师并对其他实践者表示关心的情况。然而这种呈现方式并非传统的一概而论，而是需要针对每个项目设定细致的评分标准。比如，在遵守企业规则这一部分，可以看到学生的行为表现及其相应的分数；而在尊重企业导师和关注其他实践者的层面，也可以找到相关信息。这种方法能让企业导师更好地掌握大学生思想道德表现的具体细节。

2. 精确考评细节

在教育与产业结合的环境里，需要更深入地关注学生的道德修养，而不是仅仅看重他们的学习成果。这样的评估方法应当渗透到整个教育过程中。基于此种观念，将定性评价和定量评价相结合，视学生的学习行为为一种持续变化的过程，并在此过程中对其学习态度、学习能力和技术技巧等各方面做出更加公正且符合现实的评分。尽管民主评审具有一定的参考意义，但是它也会受制于诸多未知变数，因此无法仅依赖这一方法来做决策。要精准把握每一个细微之处，避免简单粗暴地将学生划分为“优秀”或“劣质”两类情况。比如，有些同学在实习期间可能学得比较缓慢，也没有什么显著的成绩，然而他们的工作态度非常认真，对待所学的知识非常投入，并且尊敬关爱周围的人。这些看似不起眼的小事实际上却能给人带来深远的影响，即使它们暂时没有产生巨大的社会效应，同学们在工作中也应始终保持严谨的态度和勤奋的精神。在评估的过程中，必须设定详尽的标准，以便全面展示每个个体的思维转变过程，抛开过去那种只重视树立典范和抓住典型的做法，让每一个人都能成为评估的核心对象。

二、推进产教融合保障机制下高职院校思想教育管理机构建设

（一）优化产教融合的人才培养保障体系

1. 积极发挥政府引领作用，重视政策法规的指导作用

政策法律法规对产教融合起到了关键指导作用，尤其是为其制度框架的建立提供了有力支持，有益于职业教育的全方位落实。我国在宏观层面上积极推动职业教育法的贯彻执行，尤其关注与之相关的立法修正工作，这样可以使各地政府能够依据实际情况，制定符合当地经济发展状况的相关条款，从而有利于实现系统的、标准的职业教育，明晰职业学校及企业双方的责任范围，也能够清晰地界定各自的权利。特别是在建立保护受益者制度方面，有效地调动了各个方面的主动性，确保各种合理的诉求得到满足。就财政角度而言，政府大力投资教育事业，使得教育环境和人力资源更加适应企业的需要，更加满足地区经济发展的要求，促进了学校企业合作关系的发展，形成了良好的持续增长的态势。政府参与到产教融合的企业合作机制中，积极培养技术型的劳动者并使他们投身于地区的产业开发之中，对于打造高质量的技术型劳动大军有着重要的意义，也有利于整个行业的发展和创新。

2. 加强产教融合培养人才的资金支持

紧密联系生产实际，适应产业发展与行业、企业生产需求是产教融

合培养人才的核心目标，同时也是保障我国人力资源高质量发展的重要方式。因此，为了进一步提高职业教育产教融合人才培养的质量和效率，需要进一步提升职业教育在我国教育体系中的地位，并加大财政经费的投入力度，推进职业院校的硬件与软件的建设。因为产教融合人才培养需要引入企业积极参与，所以在增加对职业院校的资金投入时，也要设立专项资金支持产教融合企业，以激发产教融合人才体系中各方的参与热情，确保产教融合的可持续发展。

（二）推进思想政治教育管理机构建设

1. 健全多层次的管理机构

为了维护产教融合培养人才的秩序，促进产教融合的持久发展，学校和企业必须科学设立管理机构，协调双方利益，共同为大学生提供全面、积极、高质量的服务。设立科学的管理机构，明确学校和企业各自的权利和责任。思想政治教育是需要全体成员参与的教育事业，无论是思想政治课教师、辅导员、专业课教师还是行政管理人员、后勤人员、校外企业实习教师，都需要树立思想政治教育意识，营造良好的育人氛围。

2. 明确管理机构的工作任务

为了保障思想政治教育的有效实施，学校和企业在产教融合过程中要对思想政治教育进行管理，应集中力量实施以下方式：一方面，坚守教育初衷。思想政治教育工作是帮助大学生树立正确的世界观、人生观、价值观，培养他们形成高尚品质的工作，是关于内在思想素质的培养和转变工作。思想政治教育要培养大学生形成良好的道德品质、辩证的科学思维、强健的身体素质、健康的审美情趣、正确的劳动观。因此，思想政治教育的工作必须渗透进学校教育的各个环节和各项工作中，与实践密切结合。产教融合虽然提供了独特的实践教学平台，但需要跳出学校与企业各自的机制，设立管理机构并明确他们的责任。制定明确的规章制度，按照教学规律办事，保证实践教学中思想政治教育的质量。另一方面，加强监督机制。监督是党的政治要求，也是党的政治优势。教育也需要监督，缺乏监督可能导致一些计划形式主义，使思想政治教育变得形式化和表面化。通过以上这些方式，可以促进教育的进步，将思想政治教育融入产教融合的全过程中。

3. 加强校企管理机构的沟通

通过有效的沟通可以消除校园及企业之间的隔阂，增强两者的协作关系，推动教育产业结合进程。首先，需要处理的是各方的挑战问题。为了加强学校的理论知识传授同企业的实操经验分享的结合，需要了解它们各自的需求、目标，化解它们对盈利性质和服务特性的矛盾；同时，要寻找一种既保障双边权益又能实现共同培养的方法来落实产教融合的理念，即让大学生的思想政治课程融入生产力提升的过程中去。其次，强化两个方面的互动联系。一是要在开展职业技能培训之前建立起统一的管理机制，便于在学校或企业的角色分配上达成共识，避免产生混乱；二是要加强院校方和业界人士之间的工作对接力度，有效解决问题并事先确定清楚各个角色的权利义务，以保证学校的正常运作秩序。

第七章 网络信息与新媒体时代高职思想政治教育研究

第一节 网络与新媒体对当代高职大学生思想政治教育的新挑战

一、网络与新媒体技术给高职院校带来的新情况

（一）网络与新媒体技术带来海量信息

网络是一个丰富多彩的世界，汇聚了各种资讯和文化。它提供了海量的信息、丰富多彩的资料、方便的搜索模式、高速的传送途径、跨时间的连接等，使高职院校师生可以全方位地掌握国内外的新闻、社会经济变化动态、风俗习惯、社会文化审美艺术和人文景观等。通过网络，高职院校师生可以获得丰富多彩的信息，网络为他们提供更好的学习和工作环境。通过接触各种思想、观念和生活方式，高职院校师生可以获得更多的知识和见解。网络传播的开放性使得社会制度和意识形态跨越国界、地域的限制变得更加容易，它将世界各地的人们联系在一起，使人们更加了解文化、思想观念、生活方式等方面的差异。随着网络技术的发展，各地发生的事情都能够在瞬间传遍全世界。大多数网络新媒体的门户网站提供了多种板块，包含新闻、军事、运动、财经、车辆、地产、技术、文娱、活动等，每个板块下都有大量的内容可供浏览，为高职院校师生提供了更多的信息，让他们能够更好地了解世界、拓宽视野，把目光投向更广阔的空间。

当今世界知识更新的速度越来越快，高职院校师生所用教科书越发显得陈旧。互联网的最大优势就是可以将最新的知识、最新的科技动态、最

全面的信息迅速集中并同步、快捷地传递到全世界。这种学术资源的共享是网络时代伟大的进步之一，促进了高职院校师生不断进行知识的更新。由于互联网技术发展迅速，信息传播方式变得更为多样和便捷，但是社会对网络媒体的监管相对滞后。

（二）网络新媒体智能电子设备广泛普及

伴随着科学技术的蓬勃发展，互联网服务器的种类在增多，价格也在提高，手机、台式电脑、笔记本电脑等已经成为大学生入学的必备设备，这些设备为他们提供了更加便捷的网络体验。随着科技的发展，高职院校大学生自身配备电子产品已成为一种社会进步和生活水平提高的重要表现之一，电子设备为大学生的学习和日常生活提供了许多方便。不能忽略的是，这些电子设备虽然使大学生与网络的接触变得更为便捷，但是网络中的不良信息会对他们的世界观、人生观、价值观产生一些负面影响，给他们的成长带来新的挑战。

（三）新媒体技术带来全新的感官体验

多媒体技术在网络中的应用已经超越了传统媒体。它将文字、图片、声音、音乐和动画等信息处理技术结合在一起，为人们带来了前所未有的感官体验。因此，虚拟环境和程序对人类能力和素质的培养和提升有着巨大的影响，这是人们之前无法想象的。

二、网络与新媒体技术对高职大学生思想政治教育工作的利弊

（一）网络与新媒体技术对大学生的负面影响

1. 大学生的思想道德素质遭到了严重影响，这是必然的

网络是一个充满神秘色彩的空间，虚拟性和交互性是它的显著特征。这种自由的环境使得中国传统的道德体系遭到了巨大的冲击，而中国传统的法律和道德规范又难以规范虚拟世界，更不用说大学生的行为规范了。这就导致了一些道德意志薄弱的大学生在网络上迷失了方向。此外，虚拟世界的丰富性和开放性也使得虚假、庸俗的信息传播范围变得更加广泛，给人们带来了极大的不安全感，从而影响了人们的道德和行为准则。此

外，西方的某些道德观点可能会对大学生的世界观、人生观、价值观造成不良影响。

2. 对大学生学习能力的负面影响

互联网的蓬勃发展，虽然使大学生可以通过新的渠道求学，但也导致了“快餐式”网络文化的泛滥，这一现象使得他们在遇到问题时往往只依赖于互联网来寻求答案，而忽略了对基础知识的系统学习和全面掌握，缺乏积极思考，这种求知模式不利于培育大学生求学意愿和提高学习能力。

3. 对大学生身心素质的负面影响

随着互联网的普及，许多大学生沉迷其中，缺乏与现实世界的实时沟通，这种情况势必会严重影响他们的交际能力，使他们渐渐脱离现实世界，变得孤僻、冷漠，彼此关系疏淡，社交能力降低，从而产生紧张、抑郁和苦闷等负面情绪。大学生网络成瘾是一个常见的现状，它会促使他们沉迷于网上世界，无法自拔。这些成瘾通常包括网上社交、游戏等方面。特别是网络游戏，它可以满足一些大学生自身的心理需求，也可能导致他们逃学或厌学。因此，高职院校大学生应该注意规范自己的行为，避免沉迷于网络世界，保持良好的学习和生活习惯。

（二）网络和新传媒技术对大学生形成的正面影响

1. 提高大学生的社会适应能力

大学生应该努力融入社会，以满足社会的需求，在社会中发挥自身的作用。然而，在校园生活中，大学生的角色往往单一，“练兵场”则为他们提供了一个多样化的实践平台，让他们能够更好地发挥自身的潜能。通过“介入”和“窗户”的网络活动，大学生不仅可以更加贴近生活，而且可以通过角色扮演来体验不同人物的需求和情感，深入了解社会和人群的标准，满足社区和人群对他们的期待；学会扮演各种各样的社会角色，利用网络群体成员之间的交流，检测自身的角色扮演效果，从而提升驾驭各类社会角色的能力和社会适应能力。

2. 提高大学生的交际素质

随着网络空间的普及，年轻人可以在更广阔的范围内进行交流，并且可以根据自身的兴趣和需求选择不同的交往对象。这种交流方式不再局限于血缘、地域或职业，而是可以跨越权力、地位、职业和利益的界限，拓宽了人际交往的范围。网络文化的互动性和平等性促使他们可以更加自由地发表自己的观点，启发他们从不同的角度思考，从而更好地理解事物，形成自己独特的见解。

3. 提高大学生的创新素质

网络文化的平等性为年轻人提供了一个可以自由表达自己想法和观点的公共空间，使他们能够充分地发挥自己的创造力。此外，网络文化的多样性和资源共享性也为年轻人提供了更多的资源来支撑其思考和行动。通过多元互联网文化的交流和碰撞，年轻人可以更好地探索未知世界，迸发出更多的思想火花。网络思维方式的交互性使得不同的思维主体可以通过网络进行数据交流和情感交流，从而焕发出更多的创新性思考，提升思考的创造力。互联网是一个充满创新精神的世界，在这样开放自主的空间里，高职院校鼓励技术创新，构建了一种有利于提高创新素质的良好氛围和条件。这些条件激活了大学生的创新思想，培养和提升了大学生的创新能力。

4. 提高大学生的人格素质

在人格形成的过程中，个体的主体性至关重要。大学生应该积极参与网络文化活动，表达自己独特的个性，这有助于培养他们的主体性。然而，由于网络环境的隐蔽性，一些大学生很少会认真思考自己的观点是否正确或措辞是否严谨，他们珍视的是在网络文化中可以自由表达自己思想的机会。网络文化的开放性使得个人的表达得到满足，但也使得多元主体的喧嚣压倒了个人的表达。因此，要想让自身的表达得到认同，就需要依托网络文化的集群性。通过这种张力，大学生不仅能够更好地维护和强化自身的主体性，而且能够更好地培养和强化他们的集体意识。当面对全球性的网络文化时，大学生的全球视野、民族认同感、爱国主义精神也得到了提升。随着视野的不断扩大，大学生开始关注全球性问题，从国际角度分析提问。在这样的背景之下，各国之间的差异和分歧变得更加突出，人们的国家意识也得到了激发。在网络文化中，大学生不仅展现出个人的独特性，还展现出对民族和国家的责任感。

5. 推动大学生的思维方式转变

网络文化的时空特性和超文本阅读方式，为学生提供了一个全新的视角，改变了他们以往接受文化信息的方式，促进了他们思考方法的多样化：从单一的视角转换为立体的视角，从直线的思考转换为非线性的思考，从静止的思考转换为跳跃式的思考，从收敛型思考转换为发散型思考。通过利用网络文化发展中的多媒体特征，我们能够实现形象、生动、可视化的教学方式，跨越时空的局限，将被认识的事物通过仿真、模拟、表象化和实际化的手段，以图文并茂的形式，生动活泼地展现出来，让学生更加深入地理解和掌握知识。通过这种模式，学生的思维能力得到了提升，思维模式从抽象走向了具体。

第二节 网络信息与新媒体时代高职院校实施思想政治教育的新工具

一、网络信息时代新媒体技术的特点

（一）广泛性

新媒体广泛地分布在形形色色的人群之中，不仅仅是学生，还有商人、学者、收藏家、政府人员等。新媒体的广泛性首先体现为传播内容的多元化、传播形式的多样化和传播时间的即时化。它的广泛性还可以体现在应用的客户体验上，如新媒体上开发的发现艺术、网络商城和艺术社区板块，是可以提供各式各样的内容和服务形式的。

（二）交互性

交互性也是新媒体最显著的特征之一。新媒体也是自媒体，它提供了个性化的内容发布渠道和传播方式，人与人之间通过新媒体构建了互相分享和反馈的交流机制，信息的接收突破了地域的限制和时空的束缚，使每一个信息节点的人成为网络中的一分子，实现了信息在人与人之间的交互。在新媒体的应用方面，人工智能服务实现了人机对话聊天等功能，新

媒体的强大技术能力实现了人与机器之间的信息交互。

（三）非线性

在新媒体传播中，每一个节点的用户都可以发布或接收信息，人们可以通过新媒体进行信息传播，也可以通过搜索来获取和处理信息。这种多样性使得新媒体成为一种有效的信息传播方式。利用新媒体技术，观众可以根据自己的需求进行点播观看，信息不再是自上而下的线性传播，而是根据用户需求的非线性传播。通过重复播放学习一堂课程，学生会对课程知识点的理解更加深刻。学生在学习某一知识点时，媒体系统可根据用户需求提供具有关联性的内容链接，学生可以进入“非线性”的学习空间，对一个知识点进行迁移和外延，从而更加有效地提高教育的深度和广度。

（四）动态性

随着电脑和网络的发展，从充分利用视听手段的多媒体到自由发布信息的自媒体，再到应用广泛的新媒体，技术变革的同时也伴随着媒体形态的变化。而从博客到微博再到微信，新媒体的形态也在不断地变化，其无法以固定的模式长期存在。新媒体与生俱来的创新性与变革性决定了其动态的存在模式，而这恰恰是与时代的发展同步进行的。因此，高校在思政教育过程中，如何利用新媒体对教学内容进行改革创新，正是全体师生必须面对和思考的问题。

（五）效益性

移动终端的新媒体的便携性，满足了用户不限地域不限时间互动沟通、娱乐和信息交流的需求，使得人们可以充分利用生活中的碎片时间获取信息。新媒体帮助人们进行的这种积少成多的学习，学习时间更短、吸收效率更高。新媒体网络上具有丰富的教学资源，大量的线上教学工具、应用软件、电子书等可以免费共享、复制、下载。传统媒体如书籍、期刊等，买了之后才能进行阅读，阅读后发现感兴趣的内容不多，扔了又觉得可惜。新媒体能够在数据流中发挥重要作用，它不但能够有效地传播信息，而且能够提供多种形式。学生能够获得专业知识，并且成本低廉，甚至于零花费，课堂教学也不再受制于空间的限制，变得更为灵活；教师能够充分利用网络资源，将时间和精力投入信息融合、教案制作等方面，并且能够利用新媒体技术对教学方式做出创新，改变课堂教学模式，提升教学质量。为了提升效果，高校必须做好网络平台设计和维护工作，这要求投入一定的财力和人力。但是，如果高校能够利用现有的网络、硬件、科技和人员，那么从投入产出比来看，效益将是巨大的，且创新带来的效益更是不可估量的。

（六）多元性

新媒体改变了人们的交流方式。在新媒体平台上，对于同一事物的不同认知，众多的意见和观点形成碰撞交锋，受不同价值观、不同审美情趣的影响，人们可以产生更加丰富的理解，展现出思想的多元性，进而形成“去中心化”和“去权威化”的环境。

二、网络信息时代高职院校实施思想政治教育的新媒体工具

（一）微博

1. 微博的信息传播特点

（1）运用灵活，便于使用

微博是一种多功能的社交媒体，可以让用户通过多种传播渠道实现文件、图片、视频的上传、观看、评价和转载，具有极大的灵活性。用户可以通过多种方式获取和传播信息，包括发布、关心、转载、评价、收集、私信、微群、问题探讨等。用户在进行微博注册登记和使用一些相关操作时也非常简单，技术要求不高。微博具有运用灵活、便于使用的传播特点。

（2）内容精练

“碎片化”的信息传播方式在当今社会具有显著的优势。这种“碎片化”不仅仅是“碎”，更重要的是“精”，即内容的精练性。这种“碎片化”且精练的内容更加符合现代社会的信息需求，满足了人们在碎片化时间里获取信息的习惯。“碎片化”的信息传播方式不仅满足了信息社会的需求，而且能够克服传统媒体时效性不足的缺点。它包含完整的新闻内容且按照主流话语表达，不受任何组织目标和指导原则的限制，从而更好地满足公

众的需求。微博主们在世界各地不断传播着新闻、发表着评论，他们既是旁观者又是参与者，记录着生活中的点滴，表达着自己的思想和情感。

（3）背对脸交互信息传播

背对脸，形象地说，就是一个人站在别人背后看着对方，双方之间没有互动。微博用户采用背对脸的方式进行交流，对方不需要主动和你交谈。这种关系是单向的，一方不需要征求另一方的同意；一方已经选择了交流的对象，那么交流对象的其他微博更新状态将显示在其个人空间。这种交流方式可以是点对点，也可以是一个点对多点。传统的单向大众传播缺少互动性，只能通过简单的信件、电话或其他形式来实现传递。这些回应往往是滞后的，缺少即时性和直接性。相比之下，微博可以弥补这些缺陷。

（4）实现群组讨论

微博用户可以创建微博群，加入群组需要验证，管理员可以管理群组内的每一个成员。微博群是一个封闭的圈子，具有保护隐私功能，用户可以在里面畅所欲言，表达自己的意见。微博群是一个讨论组，每个人都可以在里面讨论自己感兴趣的话题。

2. 运用微博进行高职院校思想政治教育工作的探索

（1）形成正向的舆论引导

为了有效地监管微博言行，阻止不良消息的传播，高职院校应该积极引导正确的舆论。同时，高职院校还应该加强对大学生的责任意识教育和法治教育，提高他们的自律能力，营造一个健康、文明、活跃、有趣的网络舆论氛围。教师应该积极关注微博动态，并且引导学生积极参与探讨和转载有益于他们发展和成长的内容。如果在微博上发现负面报道或议论，教师应该立即进行分析并采取有效措施处理，以减少潜在的负面影响。当发现一些不可靠的传闻时，高职院校应该尽快澄清事实，说明真相。如果发现有人违反校纪国法，高职院校应该追根溯源，对其进行调查。同时，高职院校也应该敦促大学生尽快消除错误言行，以防止不良言行进一步扩散。在此过程中，高职院校应该认真调查并快速反应，对于错误言行加以驳斥，尽可能减少它们的影响。如果发现大学生在学习和生活中的疑虑和困难，高职院校应该尽快给予答复和解释。在突发事件发生时，应利用微博发布有力的消息，把握舆论的主动权，与学生坦诚沟通，勇于承担责任，维护社会的稳定和安全。

（2）提高学校官方微博的质量

第一，微博管理必须集中在一个部门，形成一套完善的工程建设、管理和维护机制，强化对微博管理的组织主导工作，确保人员和资金的充足。第二，要形成严格的市场准入管理机制，对微博的信息内容和表现形式加以审查，从根本上保证微博的品质。第三，更好地控制发布时间。高职院校应该根据大学生的日常作息时间选择提交信息内容，将各种教学活动文本和文娱性内容放到晚上或周末公布，这样不但可以减少微博对课堂的影响，而且可以有效地实现教育的多元化，填补课余时间学校教育的空白和不足。第四，为了保持微博的合理性、新鲜度和科学性，高职院校学生工作管理者应该及时调整那些长期不更新的微博，对信息内容不合理的微博要及时修正，对不符合发展需求的微博要及时撤除，以便让大学生在最青春、最有活力的时期得到充分的关注，从而使教育更加有针对性和有效率。通过这种方式，师生可以充分地进行沟通和理解。

（3）利用微博加强与学生的联系

首先，利用微博群组功能，加强师生交流。通过充分利用微博群组这一功能，师生可以以院系、专业、班级、兴趣或者爱好为基础，随意组建自己的微博学习小组。利用相对封闭的微博学习小组，高职院校教师和学生在这里交流心得，畅谈感想。微博的优势在于它不受国家、民族和地域的限制，使得微博学习小组的成员可以在家中获取更多的知识，而不必出门寻找专家或学者的指导。

其次，以微博为媒介，实施个性化的课堂教学策略，以提高学习效果。个性化的课堂教学策略，就是按照不同教学对象的特点去设计教学方式方法，以达到教学目标的一种策略。高职院校学生来自全国各地，他们的学习兴趣、学习水平、智慧开发和喜好的教学风格各不相同，因此，在学习不同课程时，他们的学习效果也会表现出很大的差异。为了消除这些差异，教师应该主动引入微博作为工具，以便更好地实现个性化教学。通过微博互动，教师能够更好地了解学生的学习特征，为个性化教学提供支持。在课前，教师可以通过微博搜集反映课堂教学效果的有关信息资料，进而了解教学对象的特点，为开展个性化教学打下良好的基础。微博作为课堂教学的一个十分重要而有益的补充，与课堂教学过程进行有机融合，不但成为学生学习的有用工具，而且成为教师教学的重要手段，极大地提高了课堂教学效果，帮助教师建立起高质量的教学互动评价体系。

最后，建立基于微博的协作学习机制。协作学习机制是指学员参加学习小组，为了实现共同的学习目标，通过激励机制，学员个人与团体之间相互合作，从而实现学习成果的最大化。基于微博建立的协作学习机制能突破课堂教学在时间和空间上的限制，协作学习的稳定性和控制权得到了保证。作为新网络媒体，微博具有话题发起、群体共享等功能。采用学生交流和教师交流的形式，高职院校可以更好地合作教学。小组成员可以将学习中的探索、发现和有用资料同其他成员甚至与其他组或全班同学共享，教师可以通过指导的方式有效地调整协作学习的开展。微博作为一种即时通讯工具，可以有效地将师生双方的知识积累和教学反思融入高职院校课堂教学中，不但能够提升大学生的自学能力和协作学习能力，而且能够锻炼教师的信息技术能力。

（4）推进校园文化建设

高职院校官方微博应该采用更加生动活泼、幽默风趣的语言风格，以便让年轻人更容易接受。为了更好地建设校园，高职院校可以开设贴近生活的栏目，采用精美的图片和活泼的文字来改变原有的刻板印象，让大学生更容易接受新的信息。开展多姿多彩的校园文化活动，既保持认真严谨的态度，又不失新鲜活力，让学生在学习中获得乐趣，从而全面提升大学生的综合素质，真正实现教育的目标。利用高职院校官方微博，可以搭建起与大学生交流、沟通的桥梁纽带。特别是在校园文化建设中，利用微博图文并茂地宣传精彩纷呈、各具特色的校园文化，树立和维护自身的良好形象，提高学校的知名度、美誉度。通过学生在微博中的留言和跟帖，高职院校可以更好地了解他们的思想动态，从而开展有针对性的校园文化活动。

（二）微信

1. 微信的特点

（1）传播的及时性和全方位性

相较于传统的一维式通信和短消息服务，如手机通话、短信或电子邮件等以单纯字符串传递的信息内容，微信提供了一种更为丰富的互动体验，不仅能传递静态图形文件（包括照片）及音频/视频对话，而且其结合即时通讯工具的实时影像传输技术后，还能实现对各种多媒介元素的支持，从而为用户提供了更多的选择来展示他们的想法。此外，该应用程序还包含诸多实用模块，其中最引人注目的当数“微型金融”部分的功能设置，这些实用的附加选项覆盖人们日常生活所需的大多数领域，而这无疑是彻底颠覆过去那种单调乏味的交往习惯的一种创新。微信群聊则成为一种非常便捷高效的方法，可以在瞬间创建出家庭成员间的圈子、朋友间的圈子甚至是工作伙伴间的团队小组等多种类型的社群组织结构，突破时间和地域的局限，使沟通更快、更及时。

（2）传播的便捷性和高效性

由于手机移动终端的便捷性，现在用户可以随时利用微信发布信息。不仅如此，随着移动互联网的迅猛发展和Wi-Fi的普及，用户可以在任何时候将感兴趣的信息分享给好友，传播信息更加便利、高效。微信还引入了群聊功能，让用户的交流更加多样化。此外，微信还提供了许多实用的功能，如摇一摇、附近的人、扫描二维码添加朋友等，让用户可以畅快地与陌生人进行交流。另外，微信的资费低廉且配套设施齐全，在使用过程中几乎不需要额外的费用，只需消耗上网流量。随着各个地方Wi-Fi的全覆盖，用户只需消耗免费流量就可以实现语音通话或视频通话，十分便捷。

（3）形式的灵活性和互动性

在这个较为保密且安定的社交环境中，通过使用存储于电话簿中的好友资料，可以轻松地将其传递并直接加入微信朋友圈中，使得消息的扩散效果非常显著，同时也让彼此关系变得更加亲近。此外，这也阻挡了一部分垃圾邮件和垃圾信息的传播，提升了用户的信息私密度。

（4）提升人际关系的紧密程度，重视个人隐私

人类之间的关系构建通常依赖于日常交互和联系，智能设备使得人们能够实现社交网络上的连接。人们可以利用微信的添加朋友功能搜索并添加微信朋友，也能借由微信朋友圈获取其个人照片和生活状况等相关资讯，从而促成更深入的对话。此外，人们还能通过微信朋友圈向朋友展示他们的职业生涯和生活状况，阐述看法，并在“点赞”“评论”中保持彼此间的关注。根据特定目标或者人群组建的微信群也能发布特定的消息，这些信息的接收者仅限于群里的人们，添加的好友则可通过设定访问权限，决定是否公开他们的朋友圈内容。

2. 微信融入高职院校思想政治教育的策略

（1）融入课堂教学管理

在微信时代，应当注重将微信融入课堂教学管理中，重视对学生进行马列主义、毛泽东思想、邓小平理论、“三个代表”重要思想、科学发展观和习近平新时代中国特色社会主义思想等教育，帮助大学生树立正确的世界观、人生观、价值观。应当结合哲学社会科学课程的理论教学与实践教学，帮助大学生树立正确的政治方向，提高思想政治教育素养。此外，还应开展心理咨询服务和心理健康课程，培养大学生健康的心理素质，化解他们的消极情绪，促使他们形成良好的品格和健康的人格。同时，注重开展法律法规的教育，帮助大学生树立法律意识，使其自觉遵守法律法规。高职院校还可以组织讲座，对大学生进行思想政治教育。因为在微信时代，传统的单向灌输、被动说教的授课方式容易引起学生的抵触心理。目前，高等教育的受众群体对生活方式有强烈的个人主义倾向，他们重视展示自己，阐述他们的想法，渴望被尊重，并且热衷于平等地参加各种活动。此外，这些年轻人也具有十分在意父母和友人的认同等心理特征，这就需要高校思想政治工作者摒弃传统的教育模式，即主要依赖讲授的方式，而应强调平等对话，注意学生的社交媒体动态，构建与学生的互动沟通机制，转变为双向的信息传递教学方法，强化师生间的互动关系，推动课堂讨论的发展。与此同时，高校还需激励学生之间的相互联系，利用微信促进学生积极互动，倡导他们在网络空间中分享有益的内容，传播美的

观念，发掘学生言语中的亮点，指导他们弘扬正能量，培育其正确的价值取向。

首先，创建思想政治教育工作“微”高地。第一，现今我国高职院校对于微信平台的使用不够广泛、高效，或者对微信信息传播平台的重视程度还不足。调查发现，微信企业营销和明星是微信公众号的主要组成部分，而高职院校的思想政治教育教师和辅导员在微信公众号中所占比例有限。这与大学生是微信使用群体中较多人群的情况有很大差距。因此，高职院校的思想政治教育工作需要进入微信阵地，重视微信平台的建设，将微信融入思想政治教育工作中，重视微信的重要性，使微信成为开展思想政治教育的主要战场，抢占网络舆论的主要场所。第二，微信时代传统的人际交往、沟通、表达方式发生了新的变化，对思想政治教育工作环境、教育方式、教育载体内容也产生了一定影响，给思想政治教育对大学生的思想导向、强化、感染和约束的主体地位造成了冲击。思想政治教育工作者应该通过构建全面、丰富、立体的微信公众号，主动应对微时代的挑战，积极营造具有交互性的教育平台，如社团、学生会组织和校园文化活动平台等，通过学校官网公众号和学院微信网络平台构建强大的思想政治教育“微环境”，使得新媒体逐步成为思想政治教育的核心场所，推动高职院校生身心的全方位健康成长。高职院校应该重视传统校园传媒的教育传播及微信新媒体的发展，充分发挥微信平台与校园期刊、校内宣传网等同步发展的协作效应，融合传统媒体与新媒体资源，形成传统媒体与新媒体平台相互补充的关系，构筑出全景式的高等职业高校思想政治教育推广模式。

其次，增强思想政治教育工作者“微”能力。第一，在这个“微”时代的背景下，日常生活正经历着各种“微”变革，如实时更新的微博、读微型小说、追踪微新闻等。可以看出，“微生活”已经成为大学生现实生活的重要组成部分。为了充分发挥高职院校中思想政治教育工作者的年轻化优势，高职院校应建立起一支年轻且富有活力的思想政治教育团队，以他们的亲和力和理解力为基础，有效地指导并影响大学生的行为。同时，也需重视如何通过微小说、微阅读、微视频等方式，选择符合社会主义核心价值观的信息内容，并在新媒体平台上进行宣传和推广。第二，人是一种动态的存在，其思维也在不断地发展、演进。从事思想政治工作的教师必须时刻保持自我的文化修养，持续学习新知识，积极掌握最新的技术。“微”能力的展现是思想政治教育的核心部分，它代表着对信息的控制能力和对话的主导能力。为了提升这方面的能力，高职院校应通过开展专门的教育训练及学习活动，增强其信息素质和社交媒体操作技能，建立一支专业的社交媒体思想政治教育团队。针对当前大学生追求个性和期望获得教师同等尊重的需求，高职院校需要转变传统的思想政治教育模式，强调服务导向而非单纯的指导。第三，要根据大学生的行为习性、心理特质和价值观念，创造新的思想政治教育方法，利用社交媒体的特点，将其转化为一种能引领时代潮流的社会思考方式。思想政治教育者必须不断更新知识体系，密切关注网络新闻动态，积极参与到网络技术的应用中，始终保持学习的热忱，并将自己的理论知识融入当下的时代背景，传递给大学生，用他们熟悉的语言风格，让表述更加生动且富有吸引力，成为受学生欢迎的思想政治教育专家。

（2）融入校园文化建设

校园文化是高职院校文化生活中的“软实力”，代表学校的特色，展示学校良好的学风、教风，是高职院校的第一形象。因此，高职院校要建设具有社会主义特色、时代特色和学校特色的校园文化，形成优良的校园文化氛围；要注重坚持当前高职院校的主流价值观，以主流价值观引导校园文化生活，引导学生的思想，强调提高高职院校学生自身的言论表达能力，通过组织各种校园研讨会、报告会、讲座等活动，营造积极学习的环境；组织各种社团活动，提升学生的文化修养；评选文明宿舍和先进标兵；定期举办校园文化艺术节等活动，并通过微信平台发布活动信息并进行全程报道，鼓励大家参与活动评选；利用微信平台增强思想政治教育与大学生的互动性，将思想政治教育融入大学生日常活动中；要培养大学生的德、智、体、美、劳与思想政治教育全面发展相结合，使高职院校学生成为社会主义合格的建设者和接班人。

首先，将“以人为本”融入理念。所有在学校里实施的各种思想政治教育项目都应以学生为核心，其终极目标在于影响他们的行为。学生作为唯一的目标人群，必须通过他们来实现思想政治教育目标，激发他们的热情，这样才有可能推动思想政治教育的有效执行。所以，需要预先计划好，如何激发他们的自主性和创造力，在思想政治教育过程中重视人性化的原则，根据高职院校大学生的个性特质去调整，采用高职院校思想政治教育人员与学生的平等互动模式。同时，高职院校学生也需要对自己的成长有清晰的理解，迅速把握学到的理论知识，主动协助教师推进理论知识的学习，热衷于参加学校的各项活动和社会实践，把构建社会主义、服务社会的责任视为自己的使命。在思想政治教育进程中，针对高职院校学生在学习思想政治教育时遇到的问题和疑虑，高职院校的思想政治教育工作者应当积极地指导他们，用新的视角看待时代的变迁和学生的特性，鼓励他们加入学校的教学活动中，同他们一起探索思想政治教育发展的全新机遇。

其次，创新校园文化融入方式。互联网与社交媒体对当代人的生活产生了越来越大的影响力并逐渐塑造了他们日常的行为模式，使得网络成为他们无法割舍的一部分，这种趋势愈发明显。换句话说，科技创新和社会的发展紧密相关且相互推动，而技术革新正是满足这一需求的关键所在。基于这点考虑，高校可以充分运用微信所具备的功能特性，改革传统的课程设置及授课策略，以期实现更有效的思政教育工作效果。此外，教师也需要积极适应这个时代的变化，在自己的工作中主动应用诸如微信这样的新媒体工具，提升自身的素养水平，如经常浏览新闻网站获取最新的信息动态，或者参与一些热门话题的热议活动，从而为后续上课提供更多的素材支持，也可以借助于微群组等方式在线组织同学展开深入探讨，以此增强师生的联系和亲密关系，激发大家的学习热情，使之能够更好地接受新的知识体系并将其成功整合到高校德育实践中。这种方式不仅可以增进教师与学生的联系，而且可以在讨论中激发学生的学习热情，从而使校园文化及时融入教学过程中。

最后，建立校园文化融入机制。为了确保高职院校思想政治教育成功整合到校园文化的建设过程中，高职院校必须依靠高效且合理的组织机制来实现。科学而精确的机制为工作提供了指导原则，明确了工作的方向与目标，使得事务有了章程可以遵循并依法行事。所以，只有通过制定科学合理的校园文化和高校思想政治教育体系相结合的机制，才能保证高校思想政治教育文化建设的顺利推进。一方面，要加强学校的监督力度，让文化渗透进思想政治教育工作中，前置条件包括遵守社会主义核心价值观下的文化建设，传承优秀的历史传统，设定清晰的目标；同时，也要拓展文化建设的形式，激励正能量行为，重视维护良好的文化环境。另一方面，虽然目前的高职院校思想政治教育及校园文化建设还存在着部分制度或体制的不完善问题，但是造成这一现象的原因多种多样，高校应深入分析这些问题的根源所在，并找出解决办法。管理的优化是推动学校持续进步的关键环节，只有有效的管理才能助力学校教育事业稳定前行，从而奠定学校的发展基石。所以，高职院校的思想政治教育的管理人员、机构设置者、教导执行人及接受学习的人需要高度重视学校组织的管理流程，遵循规则并按照预定方案行动，同时也要利用自身的自主能力激发学生的求知热情与进取精神，持续推动思想政治教育的发展进步。

（3）融入学生自我教育

对于高校的学生而言，他们虽然在学校里接受教学，但是他们的日常生活难以得到及时的监管。因此，高职院校及教师更倾向于通过课程与学生的积极互动来指导他们。然而，这并不意味着不能充分利用现代科技手段实施有效的思想政治和主导价值观念的教育工作。高职院校要教会学生如何独立判断事物的正误，引导他们在面对海量的互联网信息时做出明智的选择，同时也应鼓励他们利用移动设备进行有效的学习，并确保所接触的信息都是健康的。

首先，培养使用微信的自觉性。在如今的社会环境下，大学生广泛地接受和喜爱微信，并且使用率非常高。作为一种交流工具，微信已然成为大学生日常生活的一部分，而且大学生对其依赖程度很高。然而，过度使用微信会影响课程的学习效果，如上课时频繁查看手机微信或浏览朋友圈等行为，其根源在于学生缺乏自我约束力，没有意识到应该严格遵守课堂规则，也没有充分理解教师的要求。因此，教师需要引导大学生养成健康的行为习惯，让他们意识到在课上应保持专注学习的态度，以提高他们的自主管理能力。

其次，注重参加社会实践。教师需要对学生提供更多的指导，避免他们成为“低头一族”，防止过度依赖社交媒体，以免影响他们的生活方式和社会交往能力。高职院校学生应当更加重视自我能力的提高和对于正确的世界观及主流价值理念的理解，建立起正确的世界观并积极投入实际的社会活动中，增加自身的社交经历。同时，注重运用学理研究和社会活动相结合的方法，通过实际行动不断验证自己的观点是否合理。在面临难以确认的事实时，以往需要及时向学校教师求助来解决问题和困惑，如今借助便捷的信息获取渠道，学生可以自主地了解国家政策和宏观思想体系及其核心理念内容，并在运用这些资讯的过程中遵循相应的伦理准则，以免做出违反法律或扰乱公共秩序的行为。

（4）融入主流意识形态监管

大学生主流意识形态是基于高校的主流意识形态，而高职院校主流意识形态则受到社会的引导。因此，高职院校主流意识形态和大学生主流意识形态必然会和社会的主流思潮保持协调统一。引入社交媒体对高职院校主流意识形态发展至关重要，必须给予相应的重视，确保其能有效地推动高职思想政治教育的观念构建。

首先，拓展意识形态建设范围。微信平台可以改变高职院校组织的活动及思想政治教育课的开展方式。也就是说，可以在没有实际面对面的场景下获得同样的教育成效，这也有利于消除大学生的回避行为，避免他们因害羞而不敢发言或缺乏信心的情况，从而鼓励大学生更多地使用微信，积极参与各种话题讨论并加入各类活动中，尽情表达他们的观点和愿望。还可以通过网络直播形式观看到这些视频、照片和文本内容，以便更好地促进院校与学生之间的交流，进一步拓宽思想观念的推广。

其次，培育高职院校意识形态建设氛围。而这需要建立一种能够促进高职院校思想政治教育良性循环的环境。其中，制度保障与意识形态建设被视为其核心组成部分。对于那些可能对高职院校思想政治教育产生负面影响的行为，如互联网和微信的滥用，应依法予以禁止，这是非常有必要的措施。然而，通常情况下使用法规来处理这些问题是在问题发生并产生了一定程度的影响后才实施的，而文化的展现是一种软实力的表现，有着更为长远的价值。为了避免微信在高职院校思想政治教育中所产生的消极影响，应当预先防范，通过创造有助于高职院校意识形态发展的环境，正确地引导学生的观念。此外，高职院校要加强对校园舆论的管理，充分发挥各个监督机构的作用，营造一种安全的互动协作氛围。

最后，加强高职院校主流意识形态把控力度。随着时间的推移，微信对于高校学生的价值取向及高校思想政治教育的推进产生越来越大的影响。作为应对措施，高职院校应当利用微信平台来构建官方言论渠道，强调并推广当代主流理念，采用多样的方式培养学生的兴趣、吸引学生的注意力，从而将当代主流理念逐渐渗透到他们的思维中去。所以，高职院校的微信平台管理机构需要加强对微信公用信息发布的管控，严格审核微信发布的内容是否具有权威性和准确性，防止任何可能不利于学校主流观念的信息出现在其微信公众号上。为了提高学生的自我保护能力，提升他们整体素养，高职院校应定期举办校园文化活动。例如，可以利用高职院校的官方微信平台组织学生参加微型电影竞赛，指导他们从现有的社会焦点出发，通过作品展示出自己对此类事件的观点和见解，以此促进学生的全面成长。此外，还需要进一步完善对高职院校主流观念的建设，制定相关规定，实施严密监督。例如，可以加强与微信服务提供者的协作，构建信息反馈和审定体系，形成关于高职院校学生微信技术的明确规则；同时，由服务者负责搜集、解析和管理学生在微信平台上的相关信息，将获取的学生偏好、动向、最近阅读的内容等数据传达给高职院校，以便更好、更有效地执行管理策略。

第三节　当代大学生思想变化趋势与高职院校思想政治教育的应对之策

一、当代大学生思想变化趋势

（一）追求自由个性

作为新时代的学生群体，大学生的独立性和自主性尤为明显，他们在媒体环境下能够轻松获取大量资讯，并偏爱自己喜欢的内容。不仅如此，大学生既充当接收者的角色，也承担发送方的角色。他们通过社交媒介和手机等设备发布自己的观点，分享生活体验。这种新型交流方式让他们有机会摆脱传统交流方式的束缚去发表个人见解，在网上建立人际关系网，从而得到更多的认同感和信赖感。这是他们在日常生活中难以实现的。因此，这些年轻人越来越离不开新兴科技产品去满足自身的需求，维持自我的独特形象和生活习惯。他们对新媒体从信任逐渐转变为依赖，而新媒体更加刺激了他们，最终造成这样一个明显的思想变化趋势：当代大学生追求自由个性。

（二）重视虚拟沟通

在互联网新兴媒介环境下，公众间的互动通常是在非实名状态下进行的。这有助于降低外部社会的干预或者个人的干涉，对于保障个体言语权利和保护个人私密信息有一定的好处，在一定程度上能缓解人们内心的担忧，有利于传播思维、交互感情。所以，网络成为大学生表达思考和感受的场所，他们期待着实时性的交流以充分展现他们的愿望和观点，获取别人的认同和尊重。同时，大学生也期望能与思想教育的专家，特别是班主任教师和校方领导平等交流，解决问题。因此，线上沟通已经成为新一代社交方式的重要特征。

（三）价值观念趋于多元化

1. 自我意识增强

随着时间的推移和时代的发展，年轻一代对于自我的认知正在不断深化，包括对自己需求的重视程度、对自己达成目标的渴望程度、确认自身对其个体的主导程度等方面都得到了显著提升，这些已然成为影响大学生价值选择的关键要素。总体而言，大部分学生并未忽略他们的角色定位是整个社群中的一员，他们在寻求个人和社会的目标一致性和相互依存关系上有着强烈的需求。

2. 竞争意识和效益意识增强

当代大学生的生活被市场的力量深深影响，处处都充满了竞争，比如学生会的领导选举、奖金分配、各类竞赛中获胜者的选拔、职场上的职位争夺等。他们并不满足于现状，不会拘泥于传统规则，有着强烈的表现欲望去展示自己的价值，并且不断提升自身的价值。

3. 民主法治意识增强

大学生的信仰包含对民主和法治社会的尊重，并且运用法律工具保护自己的合法权益。他们期待国家体制能够逐步完善，同时也不愿意让个人的自由被束缚。他们的民主理念日益增强，这是一种积极的社会价值观的体现，然而仍有部分同学无法正确理解权利与职责、民主与法律法规之间的平衡关系。需要关注的是，现代大学生的主流价值观和社会主要价值观之间存在偏差，对此种情况产生的负面效应不可忽视。例如，他们在追求物质利益的同时虽然也强调无私奉献精神，但重视金钱而忽略道义，也认可个人权益的重要性，从而争取更多的利益。又如，虽然他们在自我定位、自我计划和个人价值实现方面有所提升，但是在履行其角色责任时却表现出不足，如职业道德缺失、缺乏团队合作的责任感等。

二、高职院校思想政治教育的应对之策

（一）高职院校思想政治教育人本化

高职院校的教育理念应当以大学生为中心和根本，所有的工作应围绕着他们展开，并且依赖他们的参与来完成提供的服务工作。高职院校应该重视对学生的尊重及对其需求的深入认识，同时也要关注他们在个人品德上的提升及其自主学习动力来源。因此，要让大学生成为自身进步的主导者，而不是被动接受者。从转变角色定位上来看待这个问题，才能更好地推动大学生健康的生长发育进程。衡量教学成果的标准应该是看它能否有效地促使这个群体的健康成熟化过程的发生，进而达到整体素质水平提高的结果。高职院校需要对思维和道德教育的方式方法进行优化，强调人性化元素并展现其感性的部分；坚定地运用理性说服的方式，借助情感的力量引导大学生的行为；提倡低调的教育方式，研究虚拟环境下的教学模式，追求“春风化雨，滋养万物”的效果，避免使用强迫式的手段去推动思考与道德教育的发展。

（二）高职院校思想政治教育民主化

高等职业教育的思想政治课程应当将民主理念融入大学生的思想政治教育实践中。

1. 平等相待

实际上，大学生思想政治教育活动是一个主体之间以平等方式展开思维交互的过程。教师或学生中的任何一方，都应被视为同等重要且相互独立的存在。他们都需要被尊敬、被人性的对待并保障他们的言论自由权利及表达观点的机会，同时也要真诚对话，深入了解各自立场，以便达成共识。

2. 重在疏导

大学生的生长发育过程中充满了各种思维困扰和精神阻碍，其中包括他们身处的环境、个人经验和理解能力不足等因素。对于这些问题，我们不能忽视它们的重要性，不应该随意批评或强制解决；相反，要深入了解它们的根源和特性，采取针对性的方法来做思想交流和心灵抚慰的工作，鼓励开放言论、平复心情、激发活力、引导方向等教育方式。

3. 换位思考

转换视角的思维方式被视为推动大学生道德观念发展的一种关键策略。在这个过程中，教师与学生都应尝试站在对方的角度，审视并反思教学行为，深入探讨学习过程中的相关问题。教师应该关注的是如何缩小彼此间的距离，以更有效率且符合学生需求的方式来实施这些课程计划，包括内容的设置及执行的方式等，都需要深入探讨研究。同样的情况也适用于反向的过程之中，即让接受过这种培训的学生设身处地地为教师着想：教师教导的初衷是什么？为什么会选择这样的授课模式？这样做的目的是让他们能够更加深刻地体会到教师对这份工作的热爱程度和为此付出的大量时间和精力。只有当双方都能做到这一点时，才能真正实现有效的沟通交流，从而实现提升整体效果的目的。

4. 比较选择

只有通过对比与辨别真实性和虚假性的过程，才能推动真相的发展。同样，只有在面对不同意见时保持清醒头脑，才能做出明智的选择，形成准确无误的想法。当前，多元化的价值观和社会意识正在我国社会的各个角落以不同形式涌现出来，对年轻人的思维产生深远的影响。为了应对这一挑战，高职院校要把大学生作为主体，教育引导大学生加强开放环境下对多种思想信息和价值观念比较和鉴别的能力，在此基础上，选择和内化正确的思想观点和价值观念。这个过程包括亲身经历、分析思考、判断抉择等环节，都体现了大学生思想政治教育的民主化。

5. 民主参与

大学生既需要接受且主动承担起思想政治教育的责任，又需要被赋予足够的重视以充分发挥其主体地位。高职院校要鼓励他们积极投入这个过程中来，也要指导他们在校园的民主管理中有所贡献，特别是在那些直接影响他们的学业和生活的重要决策上。通过这样的方式，可以提高他们的民主素养，增强他们的民主观念，提升他们的实践技能。

（三）高职院校思想政治教育综合化

对大学生实施全方位的教育是综合化的理念，这意味着不仅需要提高他们的价值观与道德水平，而且需要提升他们在科技文化和身体健康方面的素养，以实现全面进步。此外，要确保所有的师生都能积极地投入这个过程中，共同努力实现这一目标。只有这样，才能营造出一种浓郁的学习氛围，汇聚起强大的教育力量，从而彻底改善并优化大学生的思想政治教育工作。只有实现了全面、全员、全程的教育方式，才能切实保证“以人为本”原则的落实，把重点放在品行修养之上，使得大学生的思想政治教育效果得到持续性的提升。

（四）高职院校思想政治教育信息化

高职院校需要全力推进在线教育道德观念的工作，并将其中的教导指导与严密监控相结合，积极推广有利资讯的同时，构建优秀的互联网信息生态环境，避免负面信息对学生造成的影响。同时，应将正向传授与对比挑选相融合，建立网络评论团队，对于线上发布的各类消息，立即做出解析和评价；强化学生的选择学习，引导他们在宽松的网络环境下，分辨、判断众多资料，选取、吸收正确信息；提升学生自己决定资讯来源的认知能力和素质，让他们能主动抵制不良资讯的诱惑，防止信息过载导致的资讯偏离和个人困惑，并将公众媒体传达资讯与人际交流资讯相互配合；调整资讯发布模式，持续实施双层资讯传递策略，不仅重视利用公共媒体迅速广泛传播资讯，而且重视借助人际沟通途径深度解释、领悟和消化正确的资讯，提升正确理念资讯的传播、筛选、教育的成效。

（五）高职院校思想政治教育社会化

社会化的思想政治教育在高职院校中被广泛应用，需要高职院校采取社会化的途径和方法进行思想政治教育，并且坚定地在开放的环境下进行人才培养。

1. 营造良好的舆论氛围

随着当代社会的进步，媒体对社会的影响力和对年轻人的影响力日益增强，已经成为当今社会年轻人接受思想道德教育的核心途径。其广泛的覆盖范围、大量的资讯内容、高效的信息传递方式，使得它在大学生思想道德的教育过程中发挥了无可比拟的作用。为了使思想道德教育能够跟上时代的变化，高职院校需要更加重视利用媒体推进思想道德教育工作，提升其在公众舆论中的领导力，形成良好的社会风气，从而为大学生的身心健康与全方位发展提供有利的思想舆论环境。

2. 参与社会实践

对于大学生而言，他们的全方位发展需要依赖高校系统的理论培训，同时也必须借助社会的实践来进行培养。社会实践是年轻学生获得发展的关键途径，年轻学生应将对科学理论的学习投入社会实践，主动选择一条与实践相融合的发展之路，走出校园、参与实践、深入现实、理解国家情况、接触民众，运用所学的理论知识去实践，用实际行动验证并完善理论，从社会实践中学到东西、做出贡献、增长才能、持续增强自身的能力和品质，推动自身的进步和发展。

3. 优化社会环境

大学生所处的社会环境，不仅包括由经济、政治和技术发展塑造的物质条件，而且包括涵盖社会公众观点、社会风尚、文化气氛、规章制度等意识形态。

所有人都应该关注并参与到对学生身心健康的培育中来，要积极地推动学生思想道德教育的进步发展。宣传、理论、新闻、艺术、出版等领域需要坚持传播正能量，创造出有利于学生思想道德教育的社会环境，并且向他们提供充足的精神食粮。应以团结和谐的态度鼓励发展，保持正面的报道方向，展示思想道德教育的成功案例与学生的杰出表现。

高等职业院校应当在思想政治教育中实现适应环境与优化环境的统一，不仅要引导大学生适应社会环境的新情况、新变化和新要求，而且要注重引导他们正确分析社会环境，在适应社会环境的基础上努力为优化社会环境做出贡献，通过优化社会环境来提升社会环境对学生的育人作用。

大学生的思想政治教育环境由大学校园和现实社会组成。互联网技术的发展创造了一个与现实世界完全不同的虚拟世界，大学生可以以虚拟身份进入其中进行交流。这种交流具有匿名性。大学生可以在虚拟世界中展示与现实生活不同的自我，在那里释放情感，表达需求。这为他们自我表达提供了便利和可能，但也容易导致其在网络上发表不负责任的言论，从而导致现实主体与虚拟主体的分离，甚至引起网络主体和现实主体的双重人格现象。因此，高职院校应将优化现实环境和虚拟环境相结合，加强对网络教育的引导和监督管理，提升网络主体的道德素质，规范网络行为，优化网络虚拟环境，使其成为大学生思想政治教育的重要阵地。

参考文献

[1] 赫尔曼·哈肯．大自然成功的奥秘：协同学［M］．凌复华，译．上海：上海译文出版社，2018.

[2] 卡巴尼斯．心理动力学疗法［M］．徐玥，译．北京：中国轻工业出版社，2012.

[3] 郭念锋．国家职业资格培训教程：心理咨询师（辅导习题集）［M］．北京：民族出版社，2005.

[4] 中共中央文献研究室．习近平关于青少年和共青团工作论述摘编［M］．北京：中央文献出版社，2017.

[5] 李秀林，王于，李淮春．辩证唯物主义和历史唯物主义原理［M］．北京：中国人民大学出版社，1984.

[6] 刘远传．论社会发展与人的发展［J］．华中师范大学学报（人文社会科学版），1999（5）：63–68.

[7] 石伟平，郝天聪．从校企合作到产教融合——我国职业教育办学模式改革的思维转向［J］．教育发展研究，2019（1）：1–9.

[8] 曹晔．论职业教育产教融合的基本理论［J］．职教论坛，2020（6）：38–43.

[9] 刘邵宾．构建建构主义英语教学观［J］．湘潭师范学院学报（社会科学版），2004（4）：149–151.

[10] 徐辉，张永富．论马克思主义的“教劳结合”思想与综合技术教育［J］．西北师大学报（社会科学版），2020（3）：117–123.

[11] 宋敏娟．教育与生产劳动相结合的时代内涵及其实现途径［J］．毛泽东邓小平理论研究，2019（1）：15–19.

[12] 刘佑．对马克思“教劳结合”思想的当代理解［J］．当代教育

论坛（宏观教育研究），2007（3）：121–124.

［13］徐长发．新时代劳动教育再发展的逻辑［J］．教育研究，2018（11）：12–17.

［14］王天泽，马涛．思想政治理论课建设坚持理论性与实践性相统一论析［J］．思想教育研究，2020（7）：94–98.

［15］吴巧慧．应用型高校思想政治教育实效性探究［J］．思想理论教育导刊，2015（6）：106–108.

［16］核心素养研究课题组．中国学生发展核心素养［J］．中国教育学刊，2016（10）：1–3.

［17］蒋达勇．政治、学术与生活：中国大学功能与结构的重塑［J］．高教探索，2020（10）：5–12.

［18］李韵石．企业社会责任法治化的重要意义［J］．人民论坛，2016（33）：79–81.

［19］蔡桂秀，冯利．课程思政能力：内涵、结构与提升策略［J］．伊犁师范学院学报（社会科学版），2020（2）：1–6.

［20］余霞，石贵舟．产教融合视域下高职教育与区域经济协同发展研究［J］．职业技术教育，2020（19）：35–40.

［21］李政，胡刚．教育正义视角下职业教育在实现共同富裕中的作用及路径［J］．职业技术教育，2023，44（1）：40–46.

［22］李政，胡刚．职教改革背景下电商人才培养模式探索与实践［J］．太原城市职业技术学院学报，2023（8）：143–146.

［23］李政，胡刚．高职院校创新创业型跨境电商人才培养机制分析［J］．太原城市职业技术学院学报，2023（6）：168–170.

［24］李政，胡刚．职业教育服务乡村振兴人才培养的路径探索［J］．智慧农业导刊，2022（14）：114–116.

［25］李政，胡中锋．“一带一路”背景下高职跨境电商人才能力需求研究——基于粤港澳大湾区中小企业的调查分析［J］．高教探索，2018（8）92–96.

［26］李政，胡中锋．大学生人力资源质量体系的构建——基于WICS领导力模型的实证研究［J］．高教探索，2017（9）：29–35.

基金项目

1．清远职业技术学院博士（后）科研启动经费资助项目。

2．2023年广东省高职院校课程思政教学改革研究与实践项目：德技并修的课程思政教学体系研究与实践——以财经商贸类专业为例（编号：KCSZ05046）。

3．2024年广东省教育科学规划项目（高等教育专项）：南方教育高地建设背景下粤港澳大湾区高职商贸类人才质量提升路径研究（编号：2024GXJK799）。

4．2020年广东省高职教育教学改革研究与实践项目高职扩招专项：服务“乡村振兴”的“三阶三维三制”村“两委”干部培养模式改革（编号：JGGZKZ2020150）。

5．清远市第二十一批（2020年）教育科研立项课题：清远市村“两委”干部“五维四径”课程体系改革研究（编号：20-84）。